DE LA MECQUE AU CHRIST
UNE VRAIE HISTOIRE DU FILS DU MUFTI DE LA MECQUE

Par le Dr. Ahmed Joktan

de la Mecque au CHRIST
Une vraie histoire du fils du mufti de la Mecque

DR. AHMED JOKTAN

© 2021 par le Dr. Ahmed Joktan
Imprimé par Proclaim Publishers, Wenatchee, Washington

Sauf mention contraire, les citations des Écritures sont tirées de la Sainte Bible, New Living Translation, copyright © 1996, 2004, 2007 par la Tyndale House Foundation. Utilisé avec l'autorisation de Tyndale House Publishers, Inc, Carol Stream, Illinois 60188. Tous droits réservés.

Les citations bibliques marquées ESV sont tirées de la Bible ESV® (The Holy Bible, English Standard Version®), copyright © 2001, 2016 par Crossway, un ministère d'édition de Good News Publishers. Utilisé avec permission. Tous droits réservés.

Les citations bibliques marquées CEV sont tirées de la version anglaise contemporaine, copyright © 1991, 1992, 1995 par l'American Bible Society. Utilisé avec permission.

Les citations bibliques marquées CSB sont tirées de la Christian Standard Bible®, copyright © 2017 par Holman Bible Publishers. Utilisé avec permission. Christian Standard Bible®, et CSB® sont des marques déposées au niveau fédéral par Holman Bible Publishers.

Les citations bibliques marquées NIV sont tirées de la Sainte Bible, New International Version®, NIV® copyright © 1973, 1978, 1984, 2011 par Biblica, Inc. ™ Utilisé avec permission. Tous droits réservés dans le monde entier.

Données de catalogage avant publication de la Bibliothèque du Congrès

Joktan, Ahmed, 1991-
    De la Mecque au Christ : une vraie histoire du fils du mufti de la Mecque/ Ahmed Joktan.
        p. cm.
    ISBN : 978-1-954858-06-0 (imprimé)
    ISBN : 978-1-954858-07-7 (ebook)
    1. Joktan, Ahmed, 1991- 2. Évangélistes - États-Unis - Biographie I. Titre

Tous droits réservés. Aucune partie de cette publication ne peut être reproduite, stockée dans un système de recherche ou transmise sous quelque forme que ce soit, par des moyens électroniques, mécaniques, de photocopie, d'enregistrement ou autres, sans l'autorisation préalable de l'éditeur, sauf dans les cas prévus par la loi américaine sur les droits d'auteur.

Première impression, 2021
Fabriqué aux États-Unis d'Amérique

A tous ceux qui sont persécutés et qui souffrent
à cause de notre Seigneur Jésus exalté.

À mon mentor spirituel, Bryan, qui m'a d'abord dirigé vers le Christ ; à Reena, ma mère dans la foi, qui m'a abrité dans la persécution ; à ma famille spirituelle en Nouvelle-Zélande, qui m'a nourri dans le Seigneur et a pourvu à tous mes besoins ; et à toute ma "famille pour toujours" en Jésus à travers le monde, qui accomplit la promesse de Marc 10,29-30, "Je vous assure que quiconque a abandonné sa maison, ses frères, ses sœurs, sa mère, son père, ses enfants ou ses biens, à cause de moi et de la Bonne Nouvelle, recevra maintenant en retour cent fois plus de maisons, de frères, de sœurs, de mères, d'enfants et de biens - tout en étant persécuté. Et dans le monde à venir, cette personne aura la vie éternelle."

APPROBATIONS

Le Dr Ahmed Joktan raconte une histoire de la grâce de Dieu en action. Il donne un aperçu des croyances actuelles qui permettront au lecteur non islamique de mieux comprendre. Plus que cela, son livre est une répétition de la bonté de Dieu étendue à tous. J'espère que son voyage vers l'amour de Dieu sera aussi votre histoire.
   -Chris Fabry, Chicago, Illinois
      Animateur, Chris Fabry Live on Moody Radio
      Auteur de "War Room: Prayer Is a Powerful Weapon"

Abandonné dans le désert saoudien pendant des heures à l'âge de quatre ans par un père qui voulait en faire un homme, flagellé avant la puberté pour avoir commis la moindre erreur dans la récitation du Coran, entraîné à haïr et terroriser les infidèles au début de son adolescence, visité par Jésus en rêve, recevant le Christ et engageant sa vie pour son Sauveur, confronté à une persécution horrible, le Dr Ahmed consacre maintenant sa vie à partager l'évangile avec son peuple et à l'attirer vers une connaissance salvatrice du Christ. Ce ne sont là que quelques aperçus de la vie du Dr Ahmed. Mais le livre est plus qu'un témoignage. C'est aussi un cours d'introduction sur Mahomet et l'Islam. L'auteur, en images graphiques, expose les difficultés de sa croissance en Arabie Saoudite et la dure persécution qui a suivi sa conversion. Le Dr Joktan est aujourd'hui un disciple de Jésus, joyeux, plein d'espoir et passionné, qui a une vision pour son peuple. Ne vous

contentez pas de lire ce livre ; agissez pour encourager ce cher frère qui a une vision donnée par Dieu que nous faisons bien de soutenir.
   - Georges Houssney, Boulder, Colorado
Président, Horizons International

Le Dr Ahmed Joktan fait un excellent compte-rendu de son histoire personnelle dans son nouveau livre *De la Mecque au Christ*. Il documente son expérience comme un moyen d'encourager et d'inspirer ses lecteurs afin que nous puissions défendre nos convictions. Je peux voir que ce livre a changé de nombreuses vies.
   -Kevin Wayne Johnson, Washington, D.C.
The Johnson Leadership Group

Le livre *De la Mecque au Christ* du Dr Ahmed Joktan, né et élevé en Arabie Saoudite, est un témoignage convaincant de sa conversion à l'étranger et de ses expériences déchirantes de persécution à son retour, alors qu'il partageait courageusement l'évangile avec ses compatriotes saoudiens et d'autres Arabes dans la région du Golfe. C'est aussi un exemple éclatant du triomphe de l'amour dans son cœur pour ses compatriotes perdus, malgré le traitement cruel qu'ils lui ont infligé. Sa fondation de La Mecque au Christ International est un hommage à son amour indéfectible pour son propre peuple. Son livre se termine par une invitation passionnée à le rejoindre dans ses ministères.
   -Dr Don McCurry, Colorado Springs, Colorado
Ministries to Muslims

Je recommande vivement le livre *De la Mecque au Christ* d'Ahmed Joktan. J'ai vécu certaines des expériences avec Ahmed décrites dans ce livre et je peux confirmer de première main la persécution qu'il a vécue ! C'était le plus grand honneur d'exalter le Seigneur Jésus-Christ avec Ahmed pendant qu'il était à Riyad et de diriger le groupe de discussion sur la Bible. La lecture de ce livre vous donnera un aperçu de ce que notre Seigneur fait dans les lieux non atteints.

   -Charles May, Riyad, Arabie Saoudite
     Officier retraité de l'armée de l'air américaine

Le livre du Dr Ahmed est déchirant, et il démontre vraiment la puissance de Dieu dans une personne pour abandonner tout et suivre le Christ. Le Dr Ahmed et moi fréquentions la même église lorsque je vivais dans les États du Golfe, et j'ai vécu avec lui une grande partie des persécutions dont il a été victime. Je me souviens qu'il conduisait 13 heures chaque dimanche juste pour se rendre à notre église dans un autre pays, car les églises sont illégales dans le Royaume d'Arabie Saoudite. Dans *De la Mecque au Christ*, vous verrez la puissance de Dieu exposée. Je peux témoigner que ce livre est vrai parce que j'en ai été témoin en grande partie.

   -Andrew Stewart, Louisiane
     Officier de la marine américaine à la retraite

On m'a demandé d'examiner le nouveau livre du Dr Ahmed Joktan, *De la Mecque au Christ*. Je l'ai reçu vers midi aujourd'hui. À part quelques pauses, je n'ai pas pu le poser. C'était fascinant ! Il est maintenant 7 heures du soir et je pense encore à ce que j'ai lu et vécu. J'ai voyagé avec le Dr Joktan de son lieu de naissance à la Mecque, en Arabie Saoudite, à son emplacement actuel aux États-Unis. Le Dr Joktan a été élevé dans un foyer musulman très religieux dont le père était, et est toujours, un professeur d'islam sunnite très connu et respecté. En essayant de plaire à son père, il a mémorisé l'intégralité du Coran, le livre saint musulman, à l'âge de treize ans. Le Dr. Joktan raconte comment le Christ lui est apparu en rêve la nuit. Il a fini par abandonner sa vie au Christ en tant que Fils de Dieu et Sauveur du monde. Je l'ai suivi tout au long de sa progression fulgurante à l'école de médecine et de la façon dont son père et sa famille l'ont rejeté en raison de sa foi retrouvée en Christ. C'était déchirant lorsque son propre père lui a pointé un pistolet sur la tête en lui demandant de renoncer au Christ et de brûler le Nouveau Testament. Je l'ai suivi lors de plusieurs tentatives d'assassinat, à l'instigation de sa famille et du gouvernement - le prix à payer pour oser quitter l'Islam. Il a été emprisonné, battu, torturé, et on lui a tiré dessus avec des balles. Lorsque je l'ai rencontré pour la première fois il y a un peu plus d'un an, son visage portait encore les cicatrices des persécutions précédentes. Il est probable que son visage le sera toujours. Malgré tout cela, sa foi en Christ est restée inébranlable. Du début à la fin, son histoire est imprégnée de grâce, d'amour, de joie et de la présence de Dieu. Le livre est serré, extrêmement bien écrit et facile à lire. Chaque incident qu'il contient est bien authentifié. Ils se sont vraiment produits ! C'est pourquoi j'ai le grand plaisir de recommander vivement le livre du Dr Joktan, *De la Mecque au Christ,* à tout lecteur qui souhaite en savoir plus sur la façon dont le Christ se comporte aujourd'hui dans le monde musulman. Son histoire m'a donné envie de me lever et d'applaudir. Qu'il en soit de même pour vous.

- Dr. Ed Hoskins, West Lafayette, Indiana
  Médecin à la retraite

  Auteur de "A Muslim's Heart: What Every Christian Needs to Know to Share Christ with Muslims" (Navpress, 2003)

  Auteur de "A Muslim's Mind: What Every Christian Needs to Know About the Islamic Traditions" (Dawson Media, 2011)

INTRODUCTION

Car Dieu nous a sauvés et nous a appelés à vivre une vie sainte. Il l'a fait, non pas parce que nous le méritions, mais parce que c'était son plan depuis le début des temps pour nous montrer sa grâce par le Christ Jésus.
2 TIMOTHEE 1,9

J'ai grandi à la Mecque, le berceau de l'Islam. La Mecque est une ville de l'ouest de l'Arabie Saoudite, une ville oasis dans la région de la mer Rouge, considérée par tous les musulmans comme la ville la plus sainte de l'Islam. Elle est le lieu de naissance de Muhammad (vers 570 après J.-C. - 632 après J.-C.), le grand prophète de la foi islamique, et a été le théâtre de ses premiers enseignements avant son émigration à Médine en 622. Aujourd'hui, il y a environ deux milliards de musulmans dans le monde qui se prosternent cinq fois par jour, embrassant le sol en direction de ma ville natale, la Mecque.

Je viens d'une famille saoudienne très importante. Nous sommes les descendants de Joktan, fils de Shem, fils de Noé. Lorsque Mohammed a apporté l'Islam à mes ancêtres en 610 après J.C., ma tribu l'a adopté comme premier prophète de l'Islam. Les gens de Joktan sont finalement devenus des extrémistes radicaux, des kamikazes de l'Islam. Pendant de nombreuses générations, ma famille a produit des guerriers pour Allah, le dieu de l'Islam. En fait, sur les dix-neuf pirates de l'air des attentats du 11 septembre, quinze étaient des Saoudiens. Plusieurs d'entre eux étaient issus de ma propre tribu, qui est l'une des plus importantes d'Arabie Saoudite. Mon père appelait ces terroristes des héros.

Le 11 septembre 2001, après la dernière prière de la journée, j'ai vu mon père se réjouir alors qu'il prêchait dans la mosquée de la Mecque sur le fait que le jihad[1] est une obligation pour tous les musulmans. C'est particulièrement vrai pour ceux de notre propre tribu Joktan. Je peux entendre les paroles de mon père même maintenant : "Nos héros djihadistes ont hissé le drapeau de l'Islam aux États-Unis et ont fait tomber le Grand Satan à genoux ! Comme il est important pour nous tous de suivre leur exemple. Nous devons faire tomber tous les infidèles jusqu'à ce que le nom d'Allah soit exalté sur toute la terre !"

FETE DE LA MORT

Nous avons abattu des moutons et des chameaux pour les manger afin de célébrer les attaques terroristes du 11 septembre. Au lieu de pleurer les précieuses vies perdues ce jour-là, j'ai honte de dire que ma famille a célébré. Ils ont considéré ces attaques comme une victoire. Dans toute l'Arabie Saoudite, ils ont festoyé comme des fêtards lors de la plus extravagante célébration de mariage que l'on puisse imaginer avec les familles les plus riches servant de la nourriture sur des plateaux de dix pieds de diamètre.

Imaginez que vous faites bouillir un chameau entier dans une marmite deux fois plus grande qu'une baignoire à remous. Les cuisiniers ont attendu que les chameaux et les moutons soient tendres, puis ont ajouté une insondable

---

[1] tuer les non-musulmans au nom d'Allah

portion de riz. La marmite était si grande que vous pouviez nager dedans. Je me souviens encore des montagnes de riz qui s'élevaient des marmites fumantes, avec des moutons et des chameaux entiers éparpillés pour manger. On avait préparé tellement de nourriture ce jour-là, plus que quiconque ne pouvait en manger. Une grande partie a été jetée.

Fête de l'Arabie Saoudite

J'entends encore le bruit de ma famille qui crie : "Allahu Akbar ! Quelle belle journée ! L'Amérique est tombée !" Le rugissement des AK-47 a rempli l'air, se mêlant à leurs voix et créant une cacophonie assourdissante de jubilation chaotique. En Arabie Saoudite, il est courant que les hommes arrosent le ciel de balles les jours de grande importance, comme les mariages. Malheureusement, le 11 septembre, chaque membre de chaque famille de notre tribu a ressenti plus de joie à la mort des Américains que le jour de leur propre mariage. Heure après heure, le ciel nocturne était illuminé par des dizaines de milliers de balles, qui éclataient au-dessus de nos têtes comme des étoiles filantes, et qui explosaient avec de grands *POP*, *BANG* et *BADABOOM*, entendus à des kilomètres à la ronde. C'était le bruit de la guerre. Et pour ma famille, c'était le son de la victoire.

Mon père a vu cette grande tragédie comme la réponse tant attendue d'Allah aux nombreuses prières et pétitions qu'il avait offertes tout au long de sa vie. Il priait constamment pour qu'Allah détruise les chrétiens et les juifs, ainsi que leur grand allié, l'Amérique. Il semblait qu'Allah avait répondu à ses prières.

Je suis né et j'ai été élevé dans cette profonde obscurité. Je regarde maintenant en arrière avec horreur et je me demande quelle obscurité avait aveuglé nos yeux et rempli nos cœurs pour que nous nous réjouissions de la mort d'êtres humains innocents.

DE LA MECQUE AU CHRIST

Mes premiers souvenirs d'enfance sont de rencontrer des gens du monde entier qui faisaient leur pèlerinage à la Mecque. Je ne savais pas vraiment pourquoi ma ville était si célèbre. Chaque jour, de nouveaux étrangers venaient. Ils apportaient avec eux d'étranges langues, des bibelots et des traditions propres à leur pays. Je me souviens avoir vu un pèlerin de Russie tenant une poupée matriochka, également connue sous le nom de poupée nidifiante. L'étrange figure en bois s'est séparée en deux, du haut en bas, pour révéler une plus petite figure du même genre à l'intérieur ; cette figure s'est séparée, et elle aussi tenait une figure - encore, et encore - il semblait qu'il n'y avait pas de fin aux figures à l'intérieur des figures ! Mon père m'a interdit d'y toucher, car de telles choses étaient considérées comme des idoles, et la charia nous interdit de posséder ou d'avoir un contact avec de telles images.

Ma vie à la Mecque était bien différente de celle d'un foyer américain typique. La plupart des foyers occidentaux ont un père et une mère, alors que la plupart des foyers saoudiens ont un père et de nombreuses mères. Mon père ne fait pas exception à cette coutume, ayant plusieurs épouses situées dans différentes villes. Chaque épouse a eu de nombreux enfants, me donnant de nombreux frères et sœurs dispersés dans notre pays.

Mon père est un mufti, un juge de haut rang de la charia. Il est titulaire d'un doctorat en jurisprudence et d'un doctorat en philosophie de la charia islamique. C'est un érudit bien connu et profondément aimé dans la communauté. Il est l'auteur de nombreux ouvrages sur l'Islam et l'application de la charia. Il utilise des salles de classe formelles ainsi que des contacts informels par le biais de médias sociaux comme Twitter et YouTube pour diffuser ses enseignements.

Enfant, j'allais à la mosquée cinq fois par jour pour prier. Dès l'âge de deux ans, je suis allé à l'école de la mosquée. Elle était similaire à l'école du dimanche américaine. À l'âge de treize ans, j'avais mémorisé le Coran en entier et je pouvais le réciter sans une seule erreur. Connaissant le Coran sur le bout des doigts, je me suis concentré sur mon devoir et mon héritage de faire la guerre pour Allah et son messager, Muhammad. J'avais envie du Paradis et de toute la splendeur qu'il offrait et mourir dans le djihad est le moyen le plus direct d'y entrer. Le djihad était mon désir le plus profond et le plus dévorant jusqu'à ce qu'une nuit, Jésus-Christ m'apparaisse en rêve.

Comment l'enfant d'un puissant juge et dirigeant de la Mecque a-t-il pu en arriver à rejeter le faux dieu Allah et à embrasser Jésus comme Seigneur et Sauveur ? Que faudrait-il pour qu'un membre de la tribu principale qui a orchestré l'attaque terroriste du 11 septembre renonce à sa loyauté envers son héritage et s'agenouille devant le seul vrai Dieu vivant, le Père de notre Seigneur Jésus-Christ ? Dans ce bref livre, je témoignerai - avec de nombreux autres témoins - de la façon dont mes yeux aveugles ont vu l'amour de Dieu en Jésus.

Avant de commencer, cependant, permettez-moi de dire que certains des événements décrits dans ce livre peuvent sembler vraiment incroyables, presque incroyables ; mais chaque événement décrit ici, depuis ma conversion, a été vérifié par de nombreux témoins crédibles et des sources dignes de confiance. Des piles de déclarations sous serment, sous peine de parjure, ont été soumises au gouvernement des États-Unis pour m'aider à me protéger lorsque j'ai demandé l'asile. Bien que certains détails de mon histoire (principalement des noms) aient été omis pour protéger mes frères et sœurs persécutés dans les États du Golfe, j'ai préservé les faits spécifiques et le contexte de l'histoire de ma vie, ce qui en fait une représentation véridique. L'éditeur de ce livre a reçu les témoignages d'une multitude de personnes, des déclarations sous serment notariées, ainsi que de nombreux entretiens pour corroborer l'authenticité de ce récit : mon propre témoignage.

MES OBJECTIFS POUR CE LIVRE

Mon but premier pour ce livre est d'abord d'exalter le nom de Jésus et de "rendre grâce au Seigneur et proclamer sa grandeur. Que le monde entier sache ce qu'il a fait" (Ps 105,1).

Chaque jour qui passe depuis que je connais Jésus, je ressens le poids que l'apôtre Paul ressentait lorsqu'il considérait les âmes de son propre peuple. "Ma conscience et l'Esprit Saint le confirment. Mon cœur est rempli d'une douleur amère et d'un chagrin sans fin pour mon peuple" (Rom 9,1-3). Ma prière au Dieu vivant et Père de Jésus est qu'il ouvre les yeux des musulmans partout, qu'il leur accorde la repentance et la foi afin qu'ils ne soient plus aveuglés par le dieu de ce monde (2 Cor 4,4) et que "au nom de Jésus, tout genou fléchisse, dans les cieux, sur la terre et sous la terre, et que toute langue proclame que Jésus Christ est Seigneur, à la gloire de Dieu le Père" (Phil 2,10-11).

Fuyant les persécutions, au cours de mon voyage autour du monde, j'ai été en contact avec un large éventail d'opinions. J'ai entendu ce que les chefs d'État, les professeurs d'université et les médias occidentaux disent de l'islam, estimant généralement que l'islam est une religion pacifique. J'ai parlé à des personnes qui ont avoué être vraiment confuses quant au décalage entre le récit officiel et les nouvelles horribles sur les atrocités perpétrées par des organisations comme ISIS ou Boko Haram.

Je suis également pleinement conscient que, heureusement, l'islam radical dans lequel j'ai grandi n'est pas enseigné par la majorité des imams (prêcheurs islamiques) et n'est pas pratiqué par la plupart des musulmans. Je n'ignore pas que certains pays du monde à majorité musulmane ont été et continuent d'être tolérants dans une certaine mesure à l'égard des minorités d'autres confessions. Même la péninsule arabique était relativement modérée avant l'avènement du wahhabisme[2] islamique au 17e siècle. Il n'est donc pas étonnant que la question "Quel est le véritable islam" soit l'une des incertitudes les plus brûlantes de notre génération. Peut-être par manque de connaissances ou par peur, il s'agit d'une grande enquête que peu de gens sont prêts à aborder.

Aussi compréhensible que puisse être la réticence à aborder ce sujet, mon parcours personnel m'oblige à vous apporter des éclaircissements sur ce sujet, à vous, lecteur. Pour ce faire, je devrai vous ramener aux débuts de l'Islam et à la vie du prophète Mahomet.[3] Ce faisant, nous arriverons à la conclusion surprenante que tant les musulmans modérés que les djihadistes peuvent prétendre trouver un soutien pour leurs opinions dans le Coran et dans la vie de son auteur, et nous verrons que tout dépend de la partie du Coran à laquelle ils se réfèrent. Nous verrons également que le Coran reflète la vie de Muhammad, dont le parcours personnel a traversé deux périodes distinctes façonnées par des influences différentes.

Autant les faits présentés dans ce livre sont dérangeants pour certains et insupportables pour d'autres, autant je pense qu'il faut les aborder de front pour que beaucoup puissent se tourner vers la vérité qui est en Christ seul.

Mon désir le plus profond est que tous trouvent la paix et l'amour inconditionnel que j'ai trouvés en Jésus-Christ. Ne pas partager mon témoignage, bien qu'il soit clairement plus sûr pour moi dans cette vie, serait égoïste. Dieu m'a tant donné, et je me sens obligé de partager avec les autres les

---

[2] Le wahhabisme est la forme la plus stricte et la plus radicale de l'islam actuel.
[3] Voir les annexes 1 et 2.

trésors qu'il m'a donnés. En particulier, je ressens un appel particulier à tendre la main aux musulmans, surtout à ceux qui ont essayé de me tuer. Ils sont mon peuple après tout, et je suis convaincu qu'ils ont été trompés, et qu'aucun n'est irrécupérable. Si ce livre pouvait seulement les amener à crier à Jésus, il se révélerait à eux. Si ce livre ne pouvait que les encourager à enquêter sur les affirmations que Jésus fait de lui-même dans la Bible chrétienne, il leur ouvrirait l'esprit !

J'espère aussi que ce livre mobilisera les chrétiens du monde entier pour évangéliser les musulmans et tous les gens qui sont sans Christ et sans espoir. Je prie pour que les vrais chrétiens écoutent le commandement de Dieu "Allez et faites de toutes les nations des disciples" (Mt 28,19).

En écrivant ce livre, j'ai revécu une grande partie de mes souffrances, mais je l'ai fait pour étendre le Royaume du Christ. Je prie pour que mon histoire ne soit pas que des mots pour vous, mais que vous vous mobilisiez pour proclamer l'amour de Dieu.

Mon but final pour ce livre est d'encourager ceux qui souffrent de persécution dans le monde, en particulier les autres chrétiens professants, à persévérer et à rester forts. L'Islam recevrait un coup fatal si les chrétiens ouvraient leurs maisons et leurs bras à ceux qui fuient l'oppression, le contrôle et l'obscurité de la religion de Mahomet. La lumière l'emporte toujours sur l'obscurité. "La lumière brille dans les ténèbres, et les ténèbres ne peuvent jamais l'éteindre" (Jn 1,5). Si vous lisez ceci en tant que chrétien persécuté, considérez mon histoire et comprenez qu'il y a de l'espoir dans le Christ. "En toutes ces choses, nous sommes plus que vainqueurs par celui qui nous a aimés" (Rom 8,37, ESV).

Lorsque nous souffrons pour le Christ, notre réconfort est de nous identifier à sa croix et à son rejet. Comme l'a dit Paul, "si nous devons partager sa gloire, nous devons aussi partager sa souffrance" (Rom 8,17). Notre précieux Seigneur a dit : "Si le monde vous hait, souvenez-vous qu'il m'a haï le premier" (Jn 15,18).

Je sais que, par le Christ, tout est possible. Lui seul peut faire en sorte que ces objectifs se réalisent. Mon désir le plus profond est que le Christ construise son église. Nous savons que "les portes de l'enfer ne prévaudront pas contre elle" (Mt 16,18).

Dr. Ahmed Joktan, États-Unis d'Amérique
20 janvier 2020

1 | MES DEBUTS

Je t'ai rappelé du bout du monde en te disant : "Tu es mon serviteur". Car je t'ai choisi et je ne te rejetterai pas. N'aie pas peur, car je suis avec toi. Ne te décourage pas, car je suis ton Dieu. Je te fortifierai et je t'aiderai. Je te soutiendrai de ma main droite victorieuse.
ESAÏE 41,9-10

La mienne est une famille saoudienne bien connue, descendant de Joktan, fils de Shem, fils de Noé. La plupart des gens pensent que tous les Arabes descendent d'Ismaël, mais c'est un malentendu. La vérité est qu'il existe deux branches différentes d'Arabes : les descendants d'Ismaël et ceux de Joktan.

Mon ancien grand-père, Joktan, est mentionné dans la Genèse 10,26-29 et 1 Chroniques 1,19-23 dans la généalogie de Sem, tandis qu'Ismaël est un descendant d'Abraham, qui a reçu la bénédiction de Dieu (Gen 17,20). Ma tribu est connue pour être les guerriers d'Allah dans le jihad, intensément engagés dans les croyances de l'Islam.

MON PERE, LE MUFTI

Mon père est un mufti, un érudit islamique qui interprète et explique la loi islamique et qui a étudié directement auprès du Grand Mufti en Arabie Saoudite. Les muftis ont une position similaire à celle des cardinaux de l'église catholique romaine, le grand mufti étant comme le pape. Les muftis sont également des juristes et sont qualifiés pour donner des avis juridiques faisant autorité (*fatwas*). Les muftis interprètent et appliquent les livres sacrés de l'Islam : d'abord le Coran, puis les collections de livres nobles, les Hadith et la Sunna. Il leur incombe d'expliquer les écrits sacrés aux gens du commun. Ils légifèrent sur ce qui est propre et ce qui est impur, légal et illégal. En fin de compte, ils arbitrent la manière dont le peuple doit agir dans la société islamique.

En raison de cette haute position, mon père est respecté et profondément estimé. Non seulement mon père est un mufti, mais il est aussi un leader d'un type particulier d'islam pratiqué en Arabie Saoudite : Le wahhabisme, cette forme saoudienne hyper-conservatrice de l'islam qui est souvent accusée d'alimenter l'intolérance dans le monde et de nourrir le terrorisme.

Mon père dirige les prières tout au long de la journée et donne des conférences au petit matin, juste après le lever du soleil. Je l'imagine encore enseignant à de vastes foules dans les Hadith. Ces enseignements étaient souvent diffusés en direct à la télévision et sur les médias sociaux. Fidèle et avec un zèle inégalé, mon père enseigne le mode de vie islamique, et jusqu'à ce jour, il continue d'enseigner en public, instruisant les masses fidèles de musulmans sur les valeurs fondamentales et les applications de l'Islam. Ses étudiants sont des experts en technologie, utilisant diverses plateformes de médias sociaux pour répondre aux questions des musulmans qui s'interrogent sur la façon de vivre selon la charia. Grâce à ces médias, les paroles de mon père atteignent même ceux qui vivent aux États-Unis et dans d'autres pays occidentaux. Il est tellement attaché à l'Islam qu'il croit qu'Oussama ben Laden est un martyr vertueux et que les organisations terroristes (comme Al-Qaïda et ISIS) accomplissent la bonne volonté d'Allah. Leurs idéologies sont mises en avant dans ses enseignements.

MON EDUCATION

Les riches pères saoudiens de nombreux enfants issus de nombreuses épouses sont quelque peu éloignés de l'éducation de leurs enfants. Et, bien que présente dans notre foyer, ma mère ne m'a pas non plus élevée. C'est plutôt ma femme de ménage qui a assumé le rôle de mère, comme il est courant chez les riches Saoudiens.

Nous avions deux femmes de ménage dans notre résidence : l'une des Philippines et l'autre d'Indonésie. Chaque fois que j'avais peur la nuit, je ne courais pas chez ma mère ou mon père pour me réconforter, car ma mère ne voulait pas s'occuper de moi, et mon père était souvent absent, partageant son temps entre plusieurs épouses vivant dans des villes différentes. Au lieu de cela, je courais vers le confort de ma femme de ménage philippine bien-aimée. C'était elle qui me lisait des histoires et me récitait le Coran chaque soir jusqu'à ce que je m'endorme.

Chaque fois que mon père était en ville, il dirigeait les prières communautaires à la mosquée locale de la Mecque. Ensuite, nous avions une réunion de famille au cours de laquelle mon père alignait les enfants qui avaient besoin de discipline. Je n'ai jamais voulu être dans cette file. De nombreuses raisons pouvaient nous attirer des ennuis : dire un mot de malédiction, casser quelque chose dans la maison, dormir pendant les prières du matin, se battre avec ses frères et soeurs, désobéir à la femme de ménage ou à un parent, etc.

Même maintenant, je peux voir mon père se dresser devant moi alors que je fais nerveusement la queue.

"Ouvre la paume de ta main", grognait-il avant de me frapper avec une tige de bois ronde, la faisant atterrir avec une force telle que mille éclairs explosent dans ma main. "Donne-moi encore ta main !" exigeait-il.

De nouveau, tremblant, je tendais ma petite main, attendant la douleur horrible.

WHACK !

"Ne répétez plus jamais votre désobéissance !"

Totalement terrifiée, je courais pleurer chez ma femme de ménage, qui venait me chercher et me réconfortait jusqu'à ce que je m'endorme.

HORAIRES DES REPAS

En Amérique, la devise est "les femmes d'abord". Pas dans mon pays. Les hommes saoudiens mangent toujours en premier jusqu'à ce qu'ils soient rassasiés ; et ce n'est qu'alors, lorsque le dernier homme a terminé, que les femmes et les enfants sont autorisés à manger.

Dans mon pays, les familles ne mangent généralement pas ensemble. Avant de manger, le tapis de service est posé sur le sol, puis les femmes de ménage, supervisées par la mère, sortent la nourriture. Comme les hommes mangent en premier, je dois attendre que l'arôme savoureux de la nourriture se répande dans notre maison, où un enfant est en train de vivre. J'ai fait de mon mieux pour être patiente.

Lorsque le moment de manger arrivait enfin, je me lavais rapidement les mains (comme tout le monde est censé le faire avant de manger) et je me précipitais sur le tapis de service. Les femmes et les enfants se rassemblaient autour du plat du milieu, et nous commencions par dire "Bisim Allah" (au nom d'Allah).

Enfin, l'heure viendrait ! Nos mains droites allaient saisir une poignée de riz, puis un morceau de viande de chameau - c'était si bon ! Dans notre culture, nous ne mangeons qu'avec la main droite car la main gauche est considérée comme impure et aucun ustensile ou argenterie n'est utilisé. Toute nourriture doit être *halal* (autorisée par les lois alimentaires de la charia, qui sont similaires aux lois alimentaires casher). Tout ce qui vous est offert doit être consommé, car il est impoli de refuser de la nourriture. Le porc n'est pas autorisé, mais il y aura souvent du poulet, de l'agneau ou du chameau, généralement servi avec du riz blanc basmati. Personne ne peut parler en mangeant, car c'est irrespectueux. Si vous finissez de manger tôt, vous pouvez quitter la table et parler ailleurs, mais jamais pendant le repas.

ABANDONNE DANS LE DESERT

L'un de mes premiers souvenirs d'enfance est traumatisant. Mon père croyait que tout grand homme devait être un berger de moutons ou de chameaux, selon les paroles de Muhammad dans un des Hadiths : tout prophète était un berger d'une certaine manière.[4] Alors, quand j'ai eu presque quatre ans, mon père m'a envoyé, avec deux de mes frères aînés et

---

[4] Sahih Bukhari, Livre 55, Hadith 618.

plusieurs bergers soudanais, dans le désert près de la Mecque où il gardait ses moutons et ses chameaux. Je me souviens très bien de ce jour car dès que nous sommes sortis au milieu du désert, tout le monde s'est retourné et m'a abandonné, s'entassant rapidement dans la voiture et s'éloignant dans l'obscurité de la nuit, me laissant, à quatre ans, saisi par la peur, criant et sprintant après la voiture jusqu'à ce que les feux rouges disparaissent à l'horizon. J'étais persuadé que j'allais mourir.

Terrifiée, j'ai sangloté et crié pendant plusieurs heures dans le vide pour que quelqu'un m'aide ; j'ai même mouillé mon sous-vêtement. Ce que je ne savais pas, c'est que mon père avait organisé toute cette épreuve, juste pour me modeler en un homme sans peur !

Quand mes frères et les bergers sont finalement revenus, j'étais en état de choc, sans voix, épuisé et presque hors de moi. Ils m'ont emmené dans une tente qu'ils avaient montée dans le désert et m'ont fait asseoir.

Mon frère aîné me regardait fixement.

"Un vrai homme ne pleure pas", grondait-il. "Il ne pisse pas dans son pantalon. Un vrai homme n'a jamais peur de rien."

J'ai regardé mon frère, mort de peur. Dans mon esprit, j'ai répondu : "Si c'est cela être un homme, je ne veux pas en faire partie".

À ma grande joie et à mon grand soulagement, on m'a offert de l'eau et quelques dates avant que l'épuisement ne se fasse enfin sentir et que je tombe dans un profond sommeil.

Le lendemain, après la prière du matin, nous avons abreuvé et nourri les moutons et les chameaux. Nous avons ensuite vécu et voyagé pendant plusieurs mois comme bergers bédouins, déplaçant nos tentes et notre bétail d'un endroit à l'autre, suivant l'eau et les plantes du désert pour nourrir les animaux.

Dans le désert, j'ai appris à faire du feu, à monter des tentes et même à conduire - mais je n'avais que quatre ans ! Mais c'est courant en Arabie Saoudite. En Occident, vous conduisez toutes sortes de voitures et vous surveillez les panneaux d'arrêt et les feux de circulation. Dans le désert d'Arabie, presque tous les véhicules sont des 4x4 ou des camions tout-terrain, et vous surveillez les sables mouvants et les dunes escarpées.

Nos repas dans le désert se composaient principalement de dattes, de lait de chamelle, de riz et parfois de viande de chameau. Nous chassions également les lapins et les lézards. Certains lézards du désert sont aussi gros que des alligators - et très savoureux, je pourrais ajouter : un mets délicat chez les bergers. Si l'on ne trouvait pas de nourriture, le désespoir conduisait parfois à chasser les gerboises : un peu comme un croisement entre une gerbille, un lapin et un rat ! Imaginez un rat de la taille d'une gerbille, avec des oreilles et des pattes de lapin, comme un coureur de route, se déplaçant à toute allure à une vitesse pouvant aller jusqu'à 15 km/h : c'est un gerboise. Chez les rongeurs, les gerboises sont considérées comme propres, car la charia autorise la consommation d'herbivores.

MEMORISER LE CORAN

Dès que je me souviens et presque dès que j'ai pu marcher, je suis allé à la mosquée. Dès l'âge de deux ans, j'ai prié plus de cinq fois par jour. Je priais des prières supplémentaires avant et après chaque prière requise et je jeûnais de la nourriture et de l'eau deux jours par semaine. Chaque année, j'effectuais le pèlerinage de la Oumra à la Mecque, et j'ai accompli cinq fois le pèlerinage plus détaillé et plus sacré du "Hajj" à la Mecque.[5] À l'âge de 13 ans, j'avais mémorisé l'intégralité du Coran sans la moindre erreur, et j'ai été certifié après les trois jours et nuits de récitation requis, en ne m'arrêtant que pour prier, utiliser les toilettes ou dormir. Pendant cette période, on ne m'a donné qu'une petite quantité de nourriture (des dattes et de l'eau) : une pratique appelée jeûne sec. Mon professeur pensait que me remplir l'estomac me rendrait paresseux, et qu'il faudrait me traiter comme les chevaux arabes - on ne peut pas les nourrir trop, sinon ils deviennent gras et léthargiques, incapables de courir assez vite pour gagner une course.

Vous pouvez demander : "Comment avez-vous mémorisé le Coran à un si jeune âge ?" Je vais vous le dire : par la menace d'une punition sévère.

Une erreur sur un mot, ne serait-ce que par sa mauvaise prononciation, entraînerait une sévère raclée où je serais obligé de m'allonger sur le dos de manière inhumaine, les jambes posées sur une chaise et tournées vers le ciel. Ensuite, devant tous les autres élèves, mon professeur me battait la plante des pieds avec un tuyau ou un fil électrique, une pratique appelée *falaka*. Attendre que le feu de l'enfer me tombe sur les pieds était une torture. Parfois, ce battement avait lieu devant toute la congrégation dans la mosquée, en présence de tous mes voisins.

---

[5] La "Oumra" et le "Hadj" sont tous deux des pèlerinages islamiques à la Mecque, en Arabie Saoudite. Le Hajj est l'un des cinq piliers de l'Islam qui comporte plus d'exigences et de rituels. La Oumra est facultative et peut être accomplie en moins de quelques heures.

La punition de la falaka ou "fouettage des pieds".

Je criais, mais il n'y avait aucune sympathie pour ceux qui citaient mal le Coran - pas du tout. Le jour suivant, je ne pouvais même pas regarder mes voisins dans les yeux parce que j'étais tellement humilié. Même ma famille n'a pas offert d'aide parce que, de leur point de vue, j'avais fait quelque chose de très honteux. Parfois, je rentrais chez moi en rampant à quatre pattes, incapable de marcher à cause de l'immense douleur et de l'enflure de mes pieds. J'ai reçu une vingtaine de coups pendant tout le processus de mémorisation du Coran.

Une fois que j'ai pu réciter le Coran en entier en arabe sans une seule erreur, une cérémonie extravagante a eu lieu et un certificat important m'a été remis : un grand honneur et une confirmation me désignant comme faisant partie d'une longue chaîne de ceux qui ont mémorisé le Coran, remontant jusqu'à Mahomet lui-même. Lorsque le moment de la cérémonie est arrivé, mon père m'a permis de diriger tout le service de culte à la mosquée en sa présence et celle de toute ma famille. Ils étaient si fiers de cet accomplissement car le Hadith dit que les parents de quelqu'un qui mémorise le Coran auront une couronne de gloire au ciel.[6] Malheureusement, après que j'ai commencé à suivre Jésus-Christ, mon père a éclaté de colère contre moi, croyant que cette récompense était désormais perdue.

CAMP DU DJIHAD A LA MECQUE

Le Coran étant maintenant mémorisé, il était temps d'apprendre à faire la guerre sainte pour Allah. Le Jihad est la plus haute distinction pour tout musulman. Adolescent, mon père m'a encouragé à m'inscrire à un camp d'entraînement djihadiste à la Mecque avec d'autres extrémistes de ma mosquée locale. À mon arrivée, j'ai rencontré des gens du monde entier. On nous a appris par le biais de vidéos comment massacrer les "infidèles" grâce à l'entraînement militaire, la fabrication de bombes et le combat au corps à corps. Dans l'Islam, il est acceptable de tuer de sang froid tout non-musulman. Nous avons regardé des vidéos d'entraînement approfondies qui comprenaient des tactiques terroristes, des décapitations et une surabondance de propagande islamique. Nous avons cru sincèrement que nous faisions la volonté de Dieu en récitant quotidiennement le Coran et en mémorisant des passages du Hadith. La nuit, nous priions longuement pour que les infidèles soient massacrés et nous espérions être ceux qui le feraient.

---

[6] Al-Haakim, Livre 1, Hadith 756

Je suis triste de dire que le jihad était le désir le plus profond de mon enfance jusqu'à ce que Jésus-Christ m'apparaisse en rêve.

2 | "VIENS A MOI"

Jésus a dit : "Venez à moi, vous tous qui êtes fatigués et qui portez de lourds fardeaux, et je vous donnerai du repos. Prenez mon joug sur vous. Laissez-moi vous enseigner, car je suis humble et doux de cœur, et vous trouverez le repos pour vos âmes. Car mon joug est facile à porter, et le fardeau que je vous donne est léger."
Matthieu 11,28-30

L'ETUDE DE LA MEDECINE

Après avoir terminé le lycée, j'ai voulu faire carrière dans la médecine, sur les traces des anciens érudits islamiques. Mon père a d'abord résisté à cette voie, préférant que je me consacre entièrement à l'étude du Coran et à son application dans la vie quotidienne. Il avait toujours voulu que je suive ses traces en tant que juge et érudit islamique, et son plus grand espoir pour moi était que je poursuive pleinement l'Islam.

C'était une conversation difficile à avoir avec mon père, mais j'ai fait de mon mieux pour le convaincre que les érudits musulmans les plus respectés ont souvent d'abord suivi la voie de la médecine. Mon père a fini par, bien qu'à contrecœur, céder et bénir mon parcours professionnel bien que je puisse dire qu'il était malheureux. J'étais loin de me douter que cette décision allait changer le cours de toute ma vie, puisque j'allais étudier l'anglais à l'étranger et que j'allais y apprendre à connaître Jésus.

J'ai été envoyé dans une école de médecine spécialisée, avec une orientation islamique, afin qu'à la fin de mes études de médecine, je puisse devenir un expert en droit islamique comme mon père, le mufti de la Mecque. J'ai fréquenté l'une des écoles de médecine les plus prestigieuses des États du Golfe, administrée par le gouvernement d'Arabie saoudite. À ma grande surprise, cependant, tous mes cours étaient dispensés en anglais. En grandissant, il était interdit de parler l'anglais car il est considéré comme la langue des infidèles. Néanmoins, la joie m'a rempli le cœur à l'idée d'étudier la médecine, et j'ai accepté le défi d'apprendre cette nouvelle langue au son étrange.

Ma première année était préparatoire. J'ai suivi des cours de physique, de mathématiques, de pré-médecine, etc. Comme je ne connaissais pas bien l'anglais, c'était assez difficile. Imaginez si vous ne pouviez même pas comprendre "Hi, how are you ?" ou réciter l'alphabet - et maintenant *tout* est en anglais ! J'étais si reconnaissante pour l'Internet et j'utilisais assez souvent Google Translate pour décoder mes manuels scolaires. Toute ma première année d'école de médecine en Arabie Saoudite s'est déroulée de cette manière.

ARRIVEE EN NOUVELLE-ZELANDE

Lorsque l'été est arrivé, j'étais tellement épuisée d'avoir scanné tous mes textes médicaux dans Google qui, pour ne rien arranger, me donnait le plus souvent une traduction inexacte. De tels obstacles m'ont conduit vers une voie pour apprendre l'anglais de la manière la plus rapide possible : par une immersion 24h/24 et 7j/7, ce qui signifiait que je devais résider dans un pays anglophone. Depuis les attentats du 11 septembre, peu de pays accueillaient les musulmans, j'ai donc cherché un pays qui avait un faible niveau de signalement d'agressions contre les musulmans. J'ai vite découvert que la Nouvelle-Zélande était ouverte aux gens comme moi et qu'il n'était même pas nécessaire de faire une demande de visa pour toute personne ayant un passeport saoudien. J'avais trouvé mon pays anglophone.

Arriver en Nouvelle-Zélande, c'était comme atterrir sur une autre planète. Une fois à l'école, ils m'ont aidé à m'installer et m'ont demandé : "Voulez-vous être dans une famille d'accueil ou vivre dans un hôtel ?"

J'ai refusé de rester dans une famille d'accueil car il est probable qu'ils ne soient pas musulmans, mais peut-être juifs, chrétiens ou hindous. Je ne voulais pas enfreindre les lois de l'Islam sur la nourriture halal.[7] Pour rester pure, j'ai choisi de vivre dans un hôtel, ce qui était très cher, mais au moins je pouvais choisir mes repas à la main.

À mon arrivée en Nouvelle-Zélande, j'ai vécu un choc culturel intense. Les femmes portaient des vêtements révélateurs, loin du noir et des masques de protection portés par les femmes de chez nous. En raison du choc intense de la culture occidentale, je me suis accrochée à la culture islamique et j'ai suivi des cours d'anglais au centre islamique

---

[7] Halal est l'ensemble des lois alimentaires musulmanes, comme les lois alimentaires casher juives de l'Ancien Testament. L'Islam est très similaire aux restrictions alimentaires juives casher (y compris l'interdiction de manger du porc et autres). La loi Halal exige également des musulmans qu'ils s'abstiennent de toute forme de boisson alcoolisée pendant toute leur vie.

d'Auckland, en Nouvelle-Zélande. Les amis musulmans que je m'y suis faits m'ont fait découvrir la vie à Auckland d'un point de vue islamique, par exemple où trouver des restaurants proposant de la cuisine halal, etc.

CLASSE D'ANGLAIS

Quand je suis arrivé à mon cours d'anglais, j'ai rencontré des gens du monde entier, des Français, des Italiens, des Sud-Coréens, des Chinois, des Japonais, des Allemands, des Hollandais et bien d'autres. Les étudiants et les étudiantes ont suivi les mêmes cours dans la même classe : une autre première pour moi. J'ai fait de mon mieux pour ne jamais m'asseoir à côté d'une femme. Même certains de mes professeurs étaient des femmes - une autre première ! Et si ces premières ne suffisaient pas, ils jouaient souvent de la musique pendant les heures d'étude ! Souvent, on m'ignorait quand je demandais qu'elle soit éteinte.

MA NUIT DE DESTIN

L'été se poursuit jusqu'à l'arrivée de la fête sacrée du Ramadan. Dans cette terre étrangère, si loin de chez nous, mes amis musulmans et moi nous sommes réunis pour accomplir les devoirs de la fête. Vers la fin du Ramadan, il y a une nuit appelée "la nuit du destin" (Laylat al-Qadr). Tout ce que vous demandez à Allah en cette nuit (qu'il soit glorieux ou non) vous sera donné. Si vous décidez de faire de bonnes actions cette nuit-là, la récompense est multipliée par mille - en d'autres termes, chaque bonne action vaut mille bonnes actions. "La nuit de la destinée vaut mieux que mille mois" (Coran 97,3). On peut choisir sa nuit de la destinée ; il peut s'agir de n'importe quelle nuit des dix derniers jours du

Ramadan. La nuit que j'ai choisie, je lis le Coran, en chantant le Coran 1,6, "Guide-nous sur le droit chemin". Ensuite, j'ai accompli mes rituels et je suis allé me coucher.

Ces rituels sont nombreux, voire épuisants. Par exemple, le rituel de repentance offre de nombreuses possibilités. Vous pouvez vous souvenir de soixante-dix péchés différents. Ou encore, vous pouvez éprouver des remords en vous rappelant dix péchés de chacun des sept organes principaux : les yeux, les oreilles, la langue, les mains, la bouche, l'estomac et les parties intimes. Une autre façon de montrer votre repentir est de confesser à Allah les péchés spécifiques que vous avez peut-être commis à plusieurs reprises. Une autre façon encore est de rappeler la variété des punitions pour les différents péchés et de prendre la résolution de ne pas les répéter. Un rituel particulièrement important consiste à réciter cent fois la prière de pardon : "Je cherche le pardon d'Allah et je me repens devant lui" (Coran 12,97-98). Le musulman croit qu'Allah pardonnera si le pécheur se repent. Ce n'est qu'après avoir accompli un ou plusieurs de ces rituels que l'on peut raisonnablement s'attendre à recevoir l'absolution et le pardon la nuit du destin. "Et quiconque commet un mal ou se fait du tort, mais demande ensuite le pardon d'Allah, il trouvera Allah indulgent et miséricordieux" (Coran 4,110). Après toutes ces prières, je n'imaginais pas que cette nuit serait une "nuit de la destinée" comme je ne l'aurais jamais imaginé.

Quelque temps après m'être endormi, j'ai fait un rêve si vif et si réel que je peux le voir maintenant même que j'écris, en jouant devant moi comme sur un écran de cinéma. Dans le silence de la nuit, les portes du balcon de ma chambre se sont soudainement ouvertes et, à travers le vent impétueux, une voix majestueuse et puissante s'est abattue sur moi comme une vague aussi profonde et haute que la mer elle-même. Puis, comme un magnifique feu de lumière pure, une figure glorieuse a franchi les portes du balcon en direction de moi ; son rayonnement était si brillant que je pouvais à peine le regarder.

Sa voix était forte mais aussi belle et invitante. Il m'a parlé dans ma langue maternelle, l'arabe.

"Viens à moi", a-t-il dit.

Cette figure majestueuse de l'autre monde m'accueillait et m'invitait à venir à lui.

J'étais terrifié. Mon cœur battait de façon incontrôlable sous ma poitrine. La peur m'a pris de tous les côtés. Tremblant, je criais les seuls mots qui me venaient à l'esprit : "Où dois-je aller pour te trouver ?"

Le personnage, drapé d'une robe de soleil, était si proche, juste devant mes yeux, et pourtant si infini et glorieux qu'il remplissait et étendait son champ d'action bien au-delà de ce que les yeux pouvaient voir. Il semblait intouchable, si lointain et pourtant si proche et personnel.

"Allez à la maison avec des piliers blancs", répondit-il. "Là, tu trouveras la vérité."

J'ai détourné le regard, et là j'ai vu qu'un côté entier de la pièce avait été transformé en la maison dont il avait parlé, s'élevant de façon impossible mais en parfait alignement avec le petit espace, gardant sa vraie taille et son ampleur. Et puis, tout aussi soudainement qu'il avait commencé, mon rêve s'est terminé.

Le cœur battant et les vêtements trempés, je me suis réveillé, trempé d'émerveillement et de terreur. Qu'est-ce que je venais de vivre ? J'ai sûrement pensé que j'avais vu Satan lui-même. Immédiatement, comme on m'avait appris à le faire, j'ai commencé à prier, en répétant les versets coraniques censés éloigner le mal comme les sorciers, la magie noire et les démons. Les musulmans qui vivent hors du territoire islamique depuis plus de trois jours se croient vulnérables aux attaques sataniques, et comme la Nouvelle-Zélande est littéralement au bout du monde depuis chez moi, j'étais pétrifiée que Satan lui-même ait posé son regard sur moi.

RETOUR EN ARABIE SAOUDITE

Poussé par un besoin urgent de retourner en terre d'Islam et d'y trouver une protection, j'ai appelé l'agence de voyage dès le matin et j'ai tenté de réserver le prochain avion pour l'Arabie Saoudite. J'ai proposé toute somme qu'ils exigeraient pour me faire sortir de cet endroit traître, mais on m'a dit que rien n'était disponible pendant près d'une semaine, et qu'aucune somme d'argent ne changerait cela. J'étais coincé.

Pour m'encourager, je récitais des versets du Coran, en espérant qu'ils allaient d'une manière ou d'une autre soulager mon esprit effrayé et traumatisé. Finalement, j'ai décidé que ce n'était pas une bonne idée de rester seule à l'hôtel. Satan pourrait revenir. Le mieux que je pouvais faire était de retourner à l'école et de continuer à assister aux cours jusqu'à ce que je puisse m'échapper. Je suis même resté dans le hall de l'école après les heures de cours jusqu'à ce qu'on me demande gentiment de partir ; j'avais si désespérément peur d'être seul.

Le lendemain matin, il y a eu un cours d'expression orale. Comme dans un laboratoire de langues, le professeur nous a demandé de parler en anglais d'une expérience récente.

Certains ont fait de très beaux discours sur le fait d'aller à la plage. D'autres ont parlé du cinéma. Puis est venu mon tour.

"Qu'avez-vous fait récemment ?" demande le professeur.

Rien n'était dans ma tête, sauf mon rêve. Je ne voulais pas en parler, mais il fallait que je parle. J'ai donc récité pour la classe tout ce dont je pouvais me souvenir de ma vision, et j'ai conclu par : "Je pense que j'ai été attaqué par Satan, et c'est pourquoi je pars pour l'Arabie Saoudite dès que possible".

Le professeur m'a regardé avec étonnement pendant que je parlais. Au lieu de prendre des notes, comme elle l'avait fait avec les autres élèves, elle m'a fixé du regard dans un silence stupéfait. Elle n'était plus enseignante, elle était comme une enfant attentive et figée.

Quand j'ai fini, elle s'est exclamée : "Vous avez vu Jésus !"

Je n'avais jamais entendu ce nom.

"Vous voulez dire Satan ?" J'ai répondu. "Est-ce que Jésus est votre nom pour Satan ?"

"Non !" s'écria-t-elle. "Jésus est saint !"

"Vous voulez dire Satan ?"

Je comprenais à peine l'anglais, et je n'avais aucune idée de ce qu'elle essayait de dire.

Semblant frustrée, elle a répété à voix haute : "Non ! *Jésus* ! Satan est mauvais, mais Jésus est saint ! Viens à mon bureau après les cours." Surprise et apparemment ravie, elle a quitté la classe tôt à la fin de mon discours. Je pensais l'avoir vraiment offensée et je me demandais si elle irait voir le directeur de l'école pour me faire virer. Puis j'ai pensé : "C'est bien. Ce sera un moyen plus rapide de rentrer chez moi en Arabie Saoudite".

Après la classe, mon professeur a essayé de m'expliquer qui est Jésus. Je crois qu'elle est peut-être une nouvelle chrétienne. Mais avec sa connaissance limitée de la Bible et mon anglais limité, il m'était presque impossible de comprendre ce qu'elle disait.

Enfin, elle a dit : "Je veux vous présenter un homme qui vous en dira plus sur votre rêve".

Elle a noté le nom d'un pasteur chrétien et m'a indiqué le chemin d'une église. Je ne savais pas que c'était le même bâtiment d'église que j'avais vu dans mon rêve, la "maison aux piliers blancs". Je ne savais pas si je devais y aller : c'était peut-être une des tactiques de Satan, me disais-je.

Sentant mon incertitude, mon professeur m'a rappelé l'histoire de Joseph le rêveur, dont l'histoire se trouve dans la Bible ainsi que dans le Coran. Les interprétations des rêves sont très importantes pour les musulmans.

"Tu es comme Joseph", dit-elle, "qui a eu des rêves donnés par Dieu. Vous avez eu un rêve de Dieu."

Je n'avais pas confiance en elle, alors j'ai laissé le journal derrière moi et je suis sorti de l'école en marmonnant : "Je ne suis en aucun cas comme Joseph !" J'étais toujours convaincu que mon rêve n'était pas de Dieu mais de Satan. Je n'avais toujours aucune idée de qui était exactement ce "Jésus".

3 | MA CONVERSION

Mais avant même ma naissance, Dieu m'a choisi et m'a appelé par sa merveilleuse grâce. Il lui a alors plu de me révéler son Fils afin que je puisse annoncer aux païens la Bonne Nouvelle de Jésus. Lorsque cela s'est produit, je ne me suis pas précipité pour consulter un être humain.
GALATES 1,15-16

Après ma classe, j'ai erré dans les rues d'Auckland dans la confusion. Mon esprit était obscurci par des pensées, qui venaient de toutes les directions. Mon plus grand désir était de rentrer chez moi, dans ma famille en Arabie Saoudite, mais mon vol n'était pas avant une semaine. J'ai donc erré, heure après heure, jusqu'à ce que je tombe sur un quartier où je n'étais jamais allé. Et puis, au détour d'un virage, mes yeux se sont envolés vers le ciel. C'était là : la maison avec des piliers blancs. C'était plutôt un édifice monumental.

Mon professeur d'anglais avait essayé de me diriger vers cet endroit, mais j'étais si désemparé et je ne savais pas à qui faire confiance que j'avais ignoré ses instructions. Et pourtant, j'étais là ! Quelle structure ! Elle ressemblait à un musée ou à un ancien monument grec, avec ses beaux piliers imposants. Et là, gravés dans la pierre placée juste au-dessus, se trouvaient les mots "Tabernacle Baptiste". Je n'avais aucune idée de ce que ces mots signifiaient. Sans croix sur le bâtiment, il ne m'a pas du tout semblé être une église.

La maison aux piliers blancs

Lentement, j'ai monté les escaliers et j'ai poussé contre la porte ; elle s'est ouverte en poussant un long cri aigu. C'était en effet un très, très vieux bâtiment : de l'odeur du vieux bois aux sièges d'apparence ancienne, ce bâtiment devait avoir plus de cent ans, je pensais.

Je suis entré dans l'auditorium, où de nombreux tuyaux d'orgue tapissaient le mur du fond. J'étais fasciné par cet instrument plus grand que nature, que je n'avais jamais vu, ni entendu autant qu'une seule note de sa musique. Après avoir beaucoup exploré, un jeune homme s'est approché, m'a accueilli et m'a informé que quelqu'un allait bientôt venir me voir. Personne n'est apparu pendant un certain temps, et j'ai failli partir. Mais ensuite, une porte s'est lentement ouverte derrière moi.

LE GRAND HOMME BLANC

Au moment où j'avais pris la décision de partir, quelqu'un derrière moi a appelé "As saalam a'alaikum" - une salutation musulmane commune qui signifie "La paix soit avec vous".

Quelle surprise d'entendre ce salut d'un Occidental dans un pays laïc ! En me retournant rapidement, j'ai vu un homme très grand, très blanc, qui tendait la main vers moi.

Je l'ai secoué avec plaisir et j'ai répondu : "Wa alaikum assalam *(que la paix soit aussi sur vous)*", l'équivalent de "Shalom", qui signifie "Que le bien-être de Dieu repose sur vous".

Il a dit : "J'ai entendu dire que vous aviez fait un rêve. Raconte-moi."

Effrayé et étonné, je me suis demandé : "Comment cet homme a-t-il pu connaître mon rêve ? A-t-il obtenu cette information du ciel ou de l'enfer ?"

Je ne savais pas alors ce que je sais maintenant : que Dieu m'avait amené au même homme dont mon professeur avait écrit le nom sur ce morceau de papier jeté. Elle l'avait contacté avant que j'arrive.

Bien qu'appréhensif et effrayé, j'ai raconté mon rêve, en lui racontant chaque détail au mieux de mes pauvres capacités linguistiques. Je lui ai parlé des portes de mon balcon qui s'ouvraient, de la lumière aveuglante, plus brillante que tout ce qu'un humain pourrait imaginer. Je lui ai parlé de l'homme glorieux : ses robes magnifiques, sa forme fougueuse, sa belle voix et ses mots "Viens à moi". Et je lui ai parlé de l'ordre qui m'avait été donné : aller à la maison avec des piliers blancs.

"Ce n'était pas une vision de Dieu", ai-je expliqué. "C'était Satan ! Tout l'enfer se déchaîne dans ma vie ! Mais", ai-je poursuivi, "dans une semaine, je partirai pour le sanctuaire de l'Arabie Saoudite."

Il a écouté attentivement et a ensuite répondu : "Non, vous n'avez pas vu Satan. Vous avez vu Jésus."

"Satan ?"

"Non, non !" a-t-il répondu. "Isa !" (qui est le nom de Jésus dans le Coran).

Le choc de ces mots a failli me renverser.

"Pourquoi Isa m'appellerait-il à le suivre ?" Je me suis demandé. En tant que musulman fidèle, j'étais déjà un disciple d'Isa puisque Isa (selon les enseignements de l'Islam) est un fidèle prophète de l'Islam.

J'étais complètement confus. Selon la doctrine musulmane, Isa n'apparaîtrait jamais à personne en rêve. La tradition islamique enseigne que la prochaine fois qu'Isa apparaîtra, ce sera lors de son second avènement, le dernier jour, au cours duquel il détruira tous les infidèles (non musulmans).

UN DISCIPLE D'ISA ?

J'étais quand même curieux. Cet homme m'avait salué avec une salutation musulmane et il avait interprété le personnage de mon rêve comme étant Isa, ce qui contredisait la tradition islamique.

"Êtes-vous musulman ?"

"Non, je ne le suis pas", a-t-il répondu. "Je suis un disciple d'Isa."

Si cette interprétation était vraie, il serait clair qu'Isa voulait que je le suive. Mais je me suis demandé : "Comment est-il possible qu'une personne puisse suivre Isa sans suivre l'Islam ?"

Ma connaissance d'Isa provient principalement des sections du Coran concernant la fin du monde, ainsi que du Hadith, qui enseigne qu'il reviendra, détruira la croix et tuera les infidèles.[8] Il poursuit en disant que le monde entier fera alors la prière musulmane, reconnaissant qu'il n'y a pas d'autre Dieu qu'Allah, et que Mohammed est son messager.

Mes yeux commençaient à s'ouvrir. Le Coran contient de nombreux versets encourageant les musulmans à remettre en question les doctrines du christianisme (Coran 5,18), et j'en avais beaucoup. Le grand homme blanc a gracieusement répondu à chacune de mes préoccupations à partir du Coran, parlant avec une grande connaissance et une grande douceur d'esprit. De nombreuses années plus tard, j'ai appris qu'il avait été missionnaire en terre musulmane.

L'Esprit Saint travaillait dans cette conversation pour me montrer que le Coran n'était pas fiable, car pendant que nous parlions, mon esprit a soudain commencé à voir que le Coran avait ses propres contradictions, ce que j'avais été incapable de reconnaître auparavant, bien que j'aie mémorisé chaque mot. Un certain nombre de cas m'ont submergé l'esprit : par exemple, Muhammad était autrefois pacifique envers les autres religions, mais lorsqu'il s'est installé à Médine, sa philosophie a changé pour "les combattre toutes". Aussi, Muhammad a déclaré que sa voie était la bonne ; puis plus tard dans le Coran 34,50, il a reconnu qu'il pouvait se tromper : "Si je m'égare, je ne m'égare qu'à ma propre perte ! Une autre

---

[8] Il est enregistré dans le Hadith : L'apôtre d'Allah a dit : "Par Celui entre les mains duquel mon âme est, le fils de Marie (Jésus) descendra bientôt parmi vous (les musulmans) comme un juste souverain et brisera la croix, tuera les porcs et abolira la Jizya (un impôt prélevé sur les non-musulmans, qui sont sous la protection du gouvernement musulman). Il y aura alors une abondance d'argent et personne n'acceptera de dons de charité (Sahih Bukhari Volume 3, Livre 34, Numéro 425).

divergence que j'ai vue vient du Coran 51,49 : "Et de tout ce que nous avons créé des paires : afin que vous receviez l'instruction." En cours de biologie, le semestre précédent, j'avais appris la parthénogenèse, où tout n'est pas créé par paires. C'est une franche contradiction. L'Esprit de Dieu m'a fait penser à toutes ces choses, et question après question est tombée de mes lèvres. C'était comme si j'avais été aveugle toute ma vie et que je commençais maintenant à voir (Jn 9,25).

L'heure est passée et ni le pasteur ni moi n'avons voulu nous arrêter de parler.

Enfin, il a déclaré : "Nous avons une conversation très intéressante. Voulez-vous poursuivre notre conversation chez moi ?"

Je ne voulais pas refuser son hospitalité, mais je craignais qu'un disciple d'Isa comme lui n'essaie de me tuer à notre arrivée. Cela peut paraître étrange, mais dans l'Islam, la seule façon certaine d'aller au paradis est de tuer un infidèle. Ne sachant pas mieux, j'ai pensé que les chrétiens vivaient peut-être selon le même principe. Cherchait-il un moyen de me tuer pour pouvoir atteindre le paradis ? Ce fut une décision facile pour moi : J'ai refusé et je suis retourné à mon hôtel. Mais avant de partir, il m'a donné son numéro, et je l'ai contacté tôt le lendemain matin, après quoi je suis retourné à la maison avec les piliers blancs et j'ai continué mon interrogatoire.

UNE NUIT CHEZ LE PASTEUR

Les heures passaient comme les minutes. Bientôt, le soleil est tombé et le pasteur a demandé, comme il l'avait fait auparavant, "Voulez-vous rester chez moi ? Nous pourrions continuer à y étudier."

"Il doit être vraiment désespéré pour me tuer et aller au paradis", me suis-je dit. "Soit ça, soit il va bientôt mourir de vieillesse, et il veut bien finir".

Il a gentiment insisté : "Nous avons une chambre d'amis. Ma femme est là", a-t-il ajouté, "et j'ai aussi des enfants et des petits-enfants."

Avec cela, il a commencé à me montrer des photos d'eux.

Il était si accueillant que j'ai fini par céder. Dans ma culture, on ne refuse jamais la générosité de quelqu'un s'il vous invite trois fois ; j'ai donc décidé d'y aller, mais je suis restée prudente et alerte.

Nous sommes allés chez lui dans sa voiture, et je suis entré avec précaution chez lui.

"Que voulez-vous pour le dîner ?" a-t-il demandé.

Mes nerfs vacillant au bord d'une falaise, j'ai dit : "Seulement de l'eau".

J'étais si terrifiée à l'idée qu'il puisse m'empoisonner !

Au moment de me coucher, je suis allé dans la chambre qu'ils m'avaient préparée, j'ai pris le chauffage et l'ai placé contre la porte et j'ai sécurisé ma barricade en enroulant ma ceinture autour de la poignée de la porte. En fermant toutes les fenêtres, j'ai attaché les rideaux pour qu'ils restent fermés. Enfin, j'ai disposé les oreillers sous la couverture, en faisant un leurre, puis j'ai dormi à côté du lit.[9] J'ai vraiment cru qu'il allait me tuer. Personne ne m'avait jamais dit que Jésus ordonnait à ses disciples d'aimer leurs ennemis (Lc 6,35).

---

[9] Cinq ans plus tard, mon ami m'a dit que le but qu'il avait en me demandant d'aller chez lui était de pouvoir prier toute la nuit pour moi devant ma porte afin que le Seigneur m'ouvre les yeux sur l'Evangile.

Notre troisième jour d'étude ensemble est arrivé, et notre discussion s'est poursuivie. Dès qu'il répondait à une question, je le frappais avec une autre ; pendant tout ce temps, je sentais mon âme s'ouvrir alors que tant de vérités importantes sur le Dieu vivant s'écoulaient sur moi comme un fleuve puissant. Lentement, Dieu a commencé à ouvrir les yeux de mon cœur à la vraie Isa : Jésus, le Fils de Dieu.

Jusqu'à présent, nous étudiions exclusivement le Coran. Parmi toutes mes questions, le pasteur a fait circuler l'une des siennes : "Que signifie 'la parole de Dieu' dans le Coran ?"

"Isa", ai-je répondu.

Le pasteur m'a remis un des trois Corans qu'il gardait dans sa bibliothèque, et nous nous sommes tournés vers le Coran 3,45 : "Ô Marie, souviens-toi de l'ange qui est venu vers toi, te donner une parole, que tu portes Isa, le Messie, Isa fils de Marie, distingué dans ce monde et dans le monde à venir, proche d'Allah".

"C'est un exemple dans lequel Jésus est appelé la 'Parole de Dieu'", a-t-il expliqué. "Si je parle, mes paroles représentent ce que je suis. Êtes-vous d'accord ?"

"Oui", ai-je dit, "je suis d'accord".

Puis il a dit : "Cela signifie que lorsque Dieu parle, sa Parole représente qui il rend cette Parole sainte, n'est-ce pas ? Dieu est complet. Sa Parole doit soutenir cette vérité. Dieu est sans péché, et sa Parole doit être sans péché et parfaite".

C'est à ce moment que le pasteur a ouvert la Bible chrétienne pour la première fois.

Un musulman croit que les 66 livres de la Bible sont corrompus. A l'époque, la Bible me semblait être un simple roman humain.

"Non, non !" ai-je crié. "Ce livre va te rendre fou ! Il est corrompu et ne peut apporter aucun bien."

Le pasteur a calmement insisté pour le lire.

"C'est important pour notre discussion", a-t-il déclaré.

Il s'est ouvert à Jean 1,1 et m'a demandé de lire.

"Au début, le Verbe existait déjà. Le Verbe était avec Dieu, et le Verbe était Dieu."

"Wow !" me suis-je exclamé. "Le voilà !"

Le pasteur m'a patiemment instruit : "De même qu'il y a deux yeux mais une seule vision, de même Jésus et le Père sont un seul Dieu."

La vérité que cet homme m'a enseignée à partir du Coran se trouvait aussi dans la Bible ! Incroyable ! Peut-être que la Bible avait quelque chose à m'apprendre, je pensais.

Il m'a ensuite montré comment le Coran estimait Jésus et a démontré que la Bible était un livre sur Jésus. Il a expliqué que Jésus est le Fils de Dieu, et qu'il n'y a qu'en lui que le péché est pardonné. Plutôt que d'ignorer le Coran et d'aller directement à la Bible qui aurait immédiatement forgé un mur entre nous, cet homme a utilisé la logique, avec le Coran comme point de départ. Il m'a conduit pas à pas pour voir l'importance et la pertinence de la Bible. Comme l'apôtre Paul lorsqu'il s'est adressé aux hommes à Athènes, en utilisant leur propre culture et leurs propres méthodes de culte, cet homme a ouvert notre discussion avec ce que je savais et ce que je croyais et s'en est servi pour me conduire à la vérité du Christ (Act 17,16-34). Il ne m'a pas donné de nourriture solide, mais comme un bébé, il m'a offert du lait simple (1 P 2,2). Paul avait la même pratique : "Je ne pouvais pas te parler comme je le ferais avec des gens spirituels. Je devais parler comme si vous apparteniez à ce monde ou comme si vous étiez des enfants en

Christ. Je devais vous nourrir avec du lait, pas avec des aliments solides, parce que vous n'étiez pas prêts pour quelque chose de plus fort..." (1 Cor 3,1-2).

J'ai lu page après page, j'ai vécu révélation après révélation, et j'ai relu l'Evangile de Jean avec une grande curiosité et un grand émerveillement, en posant plus de questions que je ne pourrais en compter. La Bible est vraiment touchante pour l'âme, tellement différente du Coran.

Alors que le soir approchait, nous sommes arrivés à Jean 14,6 - les paroles de Jésus : "Je suis le chemin, la vérité, et la vie. Personne ne peut venir au Père si ce n'est par moi."

À ce moment, le pasteur s'est tourné vers moi et m'a dit : "Isa est venue à toi en rêve. Il t'aime tellement. Il est rare qu'il vous apparaisse. Il vous demande de venir à lui en ce moment même. Veux-tu te repentir et venir à Jésus ?"

J'ai réfléchi la semaine dernière et je me suis dit combien Dieu doit m'aimer pour qu'il veuille que je vienne à lui. Comment pourrais-je lui résister plus longtemps ? Dans l'amour et la grâce, Jésus m'a suivi de l'Arabie Saoudite à la Nouvelle-Zélande, jusqu'au bout du monde ! Il m'a conduit à ce pasteur qui m'a patiemment expliqué la bonne nouvelle. Ce n'était pas un hasard. Ce pasteur avait prié et jeûné avec un groupe de sa congrégation deux semaines avant mon rêve, demandant à Dieu qu'une personne venant spécifiquement d'Arabie Saoudite vienne dans son église et fasse confiance au Christ. J'étais la réponse à ces prières. J'avais été aveuglé toute ma vie, mais maintenant, enfin, mes yeux étaient ouverts et je pouvais voir.

JESUS, JE VIENS A TOI

Submergé par le grand amour et la grâce de Dieu pour moi, je me suis abandonné à Jésus. Le pasteur a prié pour moi, et j'ai appelé Dieu par l'intermédiaire d'Isa, mon seul médiateur, à pardonner mes péchés et à m'accepter. Comme j'étais reconnaissant de ne plus être aveuglé par la vérité (2 Cor 4,4) ! J'étais une nouvelle création en Christ (2 Cor 5,17) !

Le temps s'est écoulé en un instant et, une fois de plus, il était assez tard. Je suis resté une nuit de plus chez mon nouvel ami, puis je me suis levé le lendemain matin pour prendre mon vol de retour, mais pas avant que le pasteur ne m'ait fait un cadeau. C'était un Nouveau Testament en format de poche. Il avait une belle veste verte, avec ces mots dorés écrits en arabe : "Le livre de la vie".

"Je prierai pour vous", dit-il, "mais ce Livre vous guidera".

"Oui !" J'ai pleuré, en jetant mes bras autour de lui. "C'est la Parole de Dieu ! Elle me guidera sûrement !" Mais je n'avais aucune idée de la puissance contenue dans ce Livre.

Il faut presque une journée entière pour aller de la Nouvelle-Zélande en Arabie Saoudite, car il n'y avait pas de vol direct à l'époque. Pour moi, cependant, cela m'a semblé être un court voyage. Dieu avait sauvé mon âme. Pour la première fois, j'avais la vie, l'espoir et une joie indicible qui éclatait dans mon cœur !

J'ai débarqué en Arabie Saoudite et j'ai marché vers la douane. La Bible n'est pas autorisée à être en possession d'un citoyen des États du Golfe[10] vivant sous la loi de la charia. Si les agents avaient trouvé mon Nouveau Testament, j'aurais

---

[10] Les États du Golfe sont les États arabes du Golfe persique : Bahreïn, Irak, Koweït, Oman, Qatar, Arabie saoudite et Émirats arabes unis. Ils fonctionnent de manière similaire à l'Union européenne, mais au lieu d'une constitution, ils vivent sous le régime du Coran et de la charia.

été sévèrement puni, voire potentiellement condamné à la peine de mort.[11] Alors, me rappelant le commandement de Jésus d'être sage (Mt 10,16), je l'ai caché parmi mes livres anglais.

Mon cœur battait la chamade lorsque le douanier a commencé à inspecter mes bagages. J'ai eu l'impression de vieillir en regardant des mains potentiellement hostiles passer au peigne fin ma condamnation cachée. J'ai fermé les yeux et j'ai prié pour que le Dieu de toute vérité vienne à mon secours. Et, par sa grâce, mon Nouveau Testament est passé à la douane sans être détecté.

J'avais hâte de plonger dans le vrai Livre de la Vie et d'en apprendre plus sur mon Sauveur, la vraie Isa. Dans le Coran, il y a une version inversée, ombragée et sombre d'Isa ; mais maintenant j'ai vu son vrai visage. J'ai étudié le Nouveau Testament chaque matin avant mes cours de médecine, apprenant de plus en plus sur qui est Dieu et ce que Jésus a fait pour moi.

Même si j'étais à la maison, que je menais une vie normale et que je fréquentais la mosquée, les choses n'étaient plus les mêmes. Je ne pouvais plus jamais voir le Coran ou les paroles de l'imam (comme un pasteur local) comme je l'avais fait auparavant. Mes yeux avaient été ouverts, et je pouvais voir que le Coran venait de l'homme, contredisant la Bible. Même aux heures de prière, lorsque l'imam priait et enseignait le Coran, je testais le Coran par la Parole de Dieu et son Esprit

---

[11] Voir l'article suivant, qui explique la peine de mort pour avoir des documents religieux autres que ceux qui sont favorables à l'Islam. Mena Habeeb, "Saudi Arabia Warns: Execution of Those Carrying Drugs or the Gospel : Execution of Those Carrying Drugs or the Gospel" (Le Caire, Égypte : Copts United, 19 nov. 2014), article en ligne consulté le 4 janv. 2018. https://www.coptstoday.com/Copts-News/Detail.php?Id=89530.

vivant en moi. Comment ai-je pu être aussi aveugle ? J'étais tombé dans le mensonge ! Les croyances que j'avais autrefois considérées comme si douces sont devenues amères, car comme le Psalmiste, j'avais maintenant trouvé que les paroles de Dieu étaient plus douces que le miel (Ps 119,103).

Ma cécité spirituelle est maintenant levée ; j'étais complètement libre en Jésus. "Si le Fils vous libère, vous serez vraiment libres" (Jn 8,36, ESV). "Seul l'Esprit donne la vie éternelle. L'effort humain n'accomplit rien. Et les paroles mêmes que je vous ai dites sont esprit et vie" (Jn 6,63). Je ne pouvais pas m'arrêter de lire mon Nouveau Testament. La vie du Christ habitait en moi ; ses paroles étaient ma nourriture et ma boisson, jour et nuit (Ps 1,2-3).

Le livre de la vie (Nouveau Testament arabe)

4 | ABANDONNE PAR MA FAMILLE

N'imaginez pas que je suis venu apporter la paix à la terre ! Je ne suis pas venu apporter la paix, mais une épée. Je suis venu dresser un homme contre son père, une fille contre sa mère, et une belle-fille contre sa belle-mère. Vos ennemis auront raison dans votre propre maison ! Si vous aimez votre père ou votre mère plus que vous ne m'aimez, vous n'êtes pas digne d'être à moi ; ou si vous aimez votre fils ou votre fille plus que moi, vous n'êtes pas digne d'être à moi. Si vous refusez de prendre votre croix et de me suivre, vous n'êtes pas digne d'être à moi. Si tu t'accroches à ta vie, tu la perdras ; mais si tu donnes ta vie pour moi, tu la retrouveras.
MATTHIEU 10,34-39

J'ai continué à vivre dans ma maison en Arabie Saoudite tout en faisant ses études de médecine. Comme vous pouvez l'imaginer, l'école de médecine est assez exigeante et rigoureuse sur le plan académique, surtout pour un Saoudien qui lit tous ses documents de cours en anglais. Une personne qui se prépare à devenir médecin doit lire et mémoriser de nombreux manuels longs, très détaillés et pas vraiment exaltants. C'était une lutte car maintenant que j'étais chrétien, le seul livre que je voulais lire était mon Nouveau Testament, et la seule chose que je voulais mémoriser étaient des mots plus doux que le miel (Ps 119,103) !

Je voulais méditer jour et nuit alors que j'étais censé me concentrer sur mes études de médecine. Le Nouveau Testament m'a attiré, et j'y ai trouvé ma joie, comme une personne désespérément assoiffée trouvant un puits débordant d'une eau délicieuse et rafraîchissante. Après la lecture, je cachais mon précieux trésor, parfois dans le bureau parmi mes manuels scolaires et parfois sous mon oreiller. J'étais à l'école de médecine, mais ma plus grande joie était d'étudier l'Evangile.

BATTU PAR MES FRERES

Comme vous pouvez l'imaginer, ma vie d'étudiant en médecine était terriblement chargée. Un jour, distrait par un examen à venir, j'ai négligé de remettre mon petit livre de vie en lieu sûr. Après mon examen, je suis retourné dans ma chambre. J'étais sur le point d'enlever ma blouse de laboratoire lorsque la porte s'est soudainement ouverte. Plusieurs de mes frères se sont précipités vers moi et m'ont taclé comme si j'étais un criminel ou un intrus.

En quelques secondes, j'étais au sol et je recevais des coups vicieux de tous les côtés. Allongé là, incapable de m'échapper, alors que chaque partie de mon corps criait à l'agonie, tout ce que je pouvais penser, c'était que j'étais heureux d'avoir l'examen derrière moi. Mes frères ne disaient rien alors qu'ils me battaient, refusant de répondre à mes appels à la pitié ou de me dire ce que j'avais fait pour les offenser.

Quand enfin leurs poings ont cessé de voler, ils m'ont traîné de ma chambre au deuxième étage de notre belle maison jusqu'à une tente sécurisée juste à l'extérieur. C'était une tente arabe très moderne, complètement différente de celle que nous utilisions pour camper quand nous étions enfants. C'était comme une maison d'hôtes avec un contrôle de la température, une salle de bain, des murs en béton et une cheminée. Ils m'ont jeté à l'intérieur et ont verrouillé la porte, en partant sans un mot. Alors que la douleur se répandait dans tout mon corps, je me suis lentement enfoncé dans mes pensées où je me suis installé dans un profond bassin d'anxiété et d'inquiétude - je n'avais pas encore atteint la partie du Nouveau Testament dans laquelle Paul nous dit de ne pas nous inquiéter (Phil 4,6-7).

Notre femme de ménage philippine s'arrêtait une fois par jour dans ma tente isolée pour me donner un repas chaud.

"Qu'est-ce que j'ai fait ?" lui ai-je demandé.

Elle a gardé le silence.

"Vous m'avez élevé depuis que je suis tout petit", ai-je plaidé. "Pourquoi ne me réponds-tu pas ?"

Elle a parlé avec beaucoup de prudence. Apparemment, une autre femme de ménage était venue nettoyer ma chambre, et elle a trouvé mon Nouveau Testament. Le trouvant intéressant, elle l'a ramassé et l'a rapidement reconnu comme une Bible chrétienne. Elle l'a immédiatement apporté à ma mère qui a été choquée au plus profond d'elle-même en le voyant.

"C'est une urgence !" a déclaré ma mère. "Cette Bible n'est pas autorisée en Arabie Saoudite ! Comment diable cela a-t-il pu arriver sur le bureau de mon fils ?"

Trouver une Bible dans la maison d'un érudit islamique bien connu est très grave, et c'est ma mère qui avait donné l'ordre à mes frères de me donner une sévère raclée et de me mettre en résidence surveillée.

VAIS-JE VIVRE OU MOURIR ?

Une fois que la femme de ménage m'a expliqué ces choses, la peur a pris le dessus sur mon cœur et mon esprit. Mon père n'était pas en ville à ce moment-là, mais la situation était si grave que lorsqu'il a été informé, il a immédiatement abandonné ses devoirs religieux et est rentré chez lui. On ne saurait trop insister sur la gravité de la situation et sur la panique qui s'est emparée de toute ma famille. Mon père a appelé mes frères, et ils sont venus ensemble dans la tente, mon père tenant un fusil d'assaut AK-47. Il a placé le canon chargé contre mon front ; j'étais à genoux, tremblant. Il a ensuite jeté le Livre vert de la vie sur le sol devant moi. J'entends encore le bruit sourd de ce précieux livre qui touche le sol, la poussière du sable s'élevant comme une mini explosion.

"Pensez-vous que vous pouvez me faire honte devant notre famille, notre tribu et notre nation musulmane ?" a-t-il grogné. "Je ne le permettrai pas ! Si tu ne te rétracte pas et ne brûle pas ce livre maléfique que tu as ramené d'outre-mer, je te mettrai ces 30 balles dans la tête !" Selon la charia, il est tout à fait légal pour un père d'exécuter un enfant pour apostasie de l'Islam.

Il a libéré la sécurité de l'arme. Son *cliquetis* familier, dont je me souviens de l'époque où j'étais dans les camps d'entraînement, a touché mon cœur comme s'il avait appuyé sur la gâchette. La mort se cachait à moins d'un demi-pouce de mon visage. Je tremblais comme une feuille prise dans un ouragan, m'accrochant désespérément à sa branche ; je sentais que je n'avais pas le choix.

Mon père était si près de mettre fin à ma vie que j'ai laissé échapper : "Je suis musulman !"

Le fait de dire cela ne fait pas de moi un adepte de l'Islam. La croyance est dans le cœur. "Musulman" signifie "soumis à Dieu", et j'étais le seul dans cette pièce à avoir été soumis au seul Dieu vrai et vivant, révélé dans la Bible par son Fils Jésus-Christ. Je ne suis pas responsable de la compréhension de mon père, mais je suis responsable de ce que je dis avec mon cœur. Je dois être sage et obéir à Jésus. Comme l'apôtre Thomas, j'ai été soumis à Jésus, mon Seigneur et mon Dieu (Jn 20,28).

Mon père m'a ordonné de brûler le précieux livre vert. Sachant que ce n'était que du papier et de l'encre, j'ai pris le Nouveau Testament, je l'ai placé dans la cheminée et j'ai regardé les flammes le dévorer lentement.

Puis mon père est parti.

L'Aïd al Adha (la fête du sacrifice) a eu lieu quelques jours plus tard. Tout le monde faisait la fête, se réjouissant de bonheur et de joie, tandis que j'étais assis seul, prisonnier dans ma propre maison à cause de la Parole de Dieu. J'étais certain que mes jours allaient bientôt se terminer - serais-je condamné à mourir sur la place de la ville, là où on me décapiterait ? Ou mon père choisirait-il de me tuer ici même ? Mes pensées devenaient incontrôlables.

LE FILS DE NOE

Après une semaine d'anxiété et de peur sans fin, j'étais au bord du désespoir. Puis, un jour, alors que je priais le Dieu de l'univers d'intervenir, mon père a fait irruption, ainsi que tous les hommes du clan de ma famille ; aujourd'hui, ils allaient décider de mon sort. Alors qu'ils s'avançaient vers moi, je me suis souvenu du moment de ma conversion où j'avais lu les paroles de Jésus : "Je suis le chemin, la vérité et la vie" (Jn 14,6). J'ai appelé Jésus et j'ai jeté sur lui mes soucis et mes craintes.

Juste avant d'entrer, je pouvais entendre mon père dehors, chantant des versets du Coran, récitant le sinistre conte du fils abandonné de Noé. L'histoire de Noé dans le Coran est tellement différente de celle de la Bible chrétienne. Les deux parlent de Dieu disant à Noé qu'il épargnera sa famille, mais le Coran raconte une autre histoire sur l'un des fils de Noé, celui qui ne s'est pas réfugié avec les autres dans l'arche.

Noah dit : "Mon fils, viens avec nous et ne sois pas avec ceux qui se noient. Ce sont des infidèles."

"Père", répond son fils, "j'irai à la montagne, et la montagne m'abritera de l'eau".

"Fils ! Il n'y a rien qui puisse vous mettre à l'abri aujourd'hui du décret de Dieu (Allah), qui est le déluge. Tu ne peux être protégé que si tu viens dans l'arche et que tu reçois sa miséricorde et son pardon".

Les vagues séparent alors Noé et son précieux fils, qui périt dans le déluge. Noé se tourne alors vers Allah et dit : "Mon Seigneur, mon fils est en effet ma famille. Je croyais que ta promesse de protéger ma famille était vraie. Vous êtes le plus juste des juges. Comment cela a-t-il pu arriver ?"

Et Allah répond : "Ce n'est pas votre fils. Cet enfant est une mauvaise action dont la vie n'était pas juste. Ne me parle pas de choses que tu ne comprends pas" (voir Coran 11,41-47).

UN ORPHELIN SUR CETTE TERRE

Mon père s'est tourné vers moi, m'a regardé droit dans les yeux et m'a renié, renonçant à être son fils ce jour-là.

"Tu n'es pas mon fils. Tu es une mauvaise action. Tu es une honte pour moi et pour le Joktan (la tribu de notre famille) jusqu'au jour du jugement dernier."

Puis il m'a craché au visage en signe de profonde honte et de déception, et mes frères se sont emparés de moi et m'ont littéralement jeté hors de la tente. Je n'avais plus de maison. Je n'avais plus de famille. J'étais mort.

Toute ma famille m'a rejeté - mon père, ma mère, tout le monde ; je crois qu'ils ont même organisé un enterrement pour moi quelques temps plus tard. Après ce jour, je n'ai plus jamais revu leurs visages.

Ma culture est une culture de la honte et de l'honneur. Même ma mère n'avait pas le droit de pleurer parce que le Coran interdit toute émotion envers ceux qui apostrophent l'Islam, même si c'est son propre enfant. J'étais maintenant orphelin sur cette terre.

Pourquoi cela s'est-il produit ? J'étais si heureuse en tant que nouvelle chrétienne. Maintenant, j'étais déchiré, complètement choqué et perdu dans un étonnement horrifié. Dieu avait nourri mon âme avec sa Parole et son Esprit, et maintenant toute ma vie était en morceaux. Alors que je m'éloignais lentement et péniblement de la seule maison que j'avais jamais connue, des souvenirs de jours plus heureux inondaient mon esprit déprimé et stupéfait, pour finalement revenir à mon enfance prestigieuse. Mon père m'avait soigneusement enseigné les enseignements de l'Islam. Il avait été si fier que je mémorise le Coran à un si jeune âge. J'ai pensé à la grande cérémonie qui a suivi ma certification officielle, et à la façon dont il m'avait laissé diriger la prière à la mosquée, la plus haute distinction pour un jeune homme.

Profondément traumatisé, j'ai erré dans les rues, à la recherche d'un bâtiment abandonné dans lequel me réfugier.

"Qu'ai-je fait ?" Je me suis dit, en me noyant dans des larmes qui coulent sans cesse. "Je suis maintenant coupé, abandonné, et complètement seul."

J'étais incrédule, terrifié et perdu dans une stupeur dépressive. La réalité d'être à jamais rejeté par ma famille était tout simplement trop dure à accepter.

Plusieurs vieilles cabanes abandonnées, infestées de serpents et de scorpions, ont servi d'abri pour les jours suivants. Dans l'obscurité, je pouvais entendre les sifflements des serpents qui se glissaient près de moi. Je pouvais voir les ombres de scorpions ramper autour de moi et sentir les cafards grimper sur moi, cherchant un abri dans mes vêtements puants. Mais je ne m'en souciais pas. Je voulais juste mourir. Ces cabanes ressemblaient tellement à un cercueil en décomposition. J'avais l'impression d'être à mon propre enterrement. Bien que ce soit ma famille qui *m*'ait déclaré mort, je pleurais comme s'*ils étaient* morts.

Le jour et la nuit se confondent. Des vagues d'incrédulité extrêmes s'écrasaient sur moi tandis que des pensées embrouillées se bousculaient dans ma tête. L'adrénaline me transperçait péniblement le cœur, me faisant hyperventiler et me rendant incapable de respirer. Par la suite, j'étais tellement engourdi et émotionnellement épuisé que je me suis demandé si j'étais vraiment mort.

"Qui s'occupera de moi ?" me suis-je demandé. "Qui sera mon père ? Il n'y a pas d'adoption dans l'Islam."

Je n'étais pas encore venu pour apprendre la promesse de Dieu d'une famille éternelle, les milliers de frères et sœurs répartis sur toute la terre qui constituent l'église du Christ.

Après des jours de délire, la santé mentale est revenue lentement et j'ai enfin reconnu mon état de délabrement, n'ayant eu ni nourriture ni eau. Incapable de me tenir debout, j'ai rampé vers la lumière du jour, en croquant des cafards sous mes mains et mes genoux. J'étais si faible que le simple fait de tirer mon faible cadre sur le sol me donnait l'impression de traîner un jumbo jet. Lorsque j'ai enfin atteint la route, une personne gentille m'a vu et a arrêté sa voiture.

Il s'est exclamé, se précipitant à mes côtés : "Tu vas bien ?"

Je n'avais pas la force de parler.

L'homme s'est précipité vers sa voiture et est revenu avec une bouteille d'eau qu'il a ensuite fait couler dans ma bouche avant de me donner la bouteille entière et les vêtements qu'il avait sur le dos. Il devait revenir de ses courses car il m'a aussi donné un sac rempli de conserves.

Il a ensuite demandé s'il pouvait me ramener chez moi. Tout d'un coup, les larmes ont commencé à couler.

"Je n'ai plus de maison", ai-je pleuré.

L'homme m'a regardé avec pitié et a ouvert son portefeuille, il m'a donné de l'argent puis est parti. Je me suis levée et j'ai mis le vêtement propre que l'homme m'avait si généreusement donné ; comme il avait été assez grand et beaucoup plus grand que moi, le vêtement pendait, mais je m'en fichais. Je me suis alors appuyé contre le mur et j'ai commencé à manger lentement, en louant Dieu d'avoir envoyé une personne au cœur si tendre ; cet homme était comme un ange. Peut-être l'était-il (Heb 13,2) !

J'ai dormi assez longtemps par la suite et je me suis réveillé avec une énergie renouvelée. C'est alors qu'une idée m'est venue à l'esprit : Je n'ai pas besoin de vivre comme un sans-abri. Le royaume du pétrole déborde de richesses, offrant à tous ses citoyens le gîte et le couvert gratuits avec les frais de scolarité de toute université publique des États du Golfe, ainsi qu'une généreuse allocation mensuelle. Me traînant rapidement comme un pingouin dans mes vêtements surdimensionnés vers la rue principale, j'ai hélé un taxi pour me conduire à l'université et à ma nouvelle maison dans les dortoirs du collège.

En repensant à la confusion de cette période de ma vie, je pense aux paroles de Jérémie : "La pensée de ma souffrance et de mon absence de domicile est amère au-delà des mots. Je n'oublierai jamais ce moment terrible, alors que je pleure ma perte. Pourtant, j'ose encore espérer quand je me souviens de cela : L'amour fidèle du Seigneur ne finit jamais ! Sa miséricorde ne cesse jamais. Sa fidélité est grande ; ses miséricordes recommencent chaque matin. Je me dis : 'Le Seigneur est mon héritage, c'est pourquoi j'espère en lui !'" (Lam 3,19-24).

UN NOUVEAU DEPART A L'UNIVERSITE

Par la grâce de Dieu, j'ai pu emménager dans les dortoirs et même reporter un semestre d'études de médecine. Je n'ai pas expliqué à l'administration les raisons de mon besoin de faire une pause ; j'étais brisé et j'avais besoin de temps pour m'adapter à cette nouvelle et difficile réalité.

Pendant cette période de rétablissement émotionnel, j'ai découvert que je pouvais lire la Parole de Dieu en ligne. Les sites chrétiens sont bloqués en Arabie Saoudite, mais une recherche approfondie sur Google m'a permis de trouver un moyen de contourner ce problème. En réalité, un tout nouveau monde s'ouvrait à moi, et Dieu a utilisé ce semestre pour me former à sa Parole. Je n'avais plus seulement le Nouveau Testament, j'avais les 66 livres de la Bible chrétienne en entier ! C'était incroyable ! Un verset favori découvert à cette époque est devenu mon 9-1-1 chrétien personnel : "Ceux qui vivent à l'abri du Très-Haut trouveront le repos à l'ombre du Tout-Puissant. C'est ce que je déclare à propos du Seigneur : lui seul est mon refuge, mon lieu de sécurité ; il est mon Dieu, et je lui fais confiance" (Ps 91,1-2).

Alors que la Mecque est la ville la plus sainte de l'Islam, ma nouvelle résidence à l'université était un autre centre majeur de l'Islam radical en Arabie Saoudite. Plus important encore, j'étais devenu un résident et un citoyen de ma véritable maison au paradis. Dieu guérissait mon cœur brisé. Bien que j'aie été rejeté sur cette terre, j'étais réconforté de savoir que mon Seigneur Jésus avait également été rejeté : "Il est venu chez les siens, et son peuple ne l'a pas reçu" (Jn 1,11, ESV). Comme Jésus, je suis un étranger et un exilé sur cette terre. Ce monde n'est pas ma maison de toute façon. Je suis un "citoyen du ciel" (1 P 1,1; Phil 3,20). Bien que je sois mort pour ma famille, j'ai ces paroles vivantes qui touchent le fond de mon âme et de mon esprit. La Bible est si pure dans sa théologie ! Elle est si différente des versets coraniques qui sont morts et vides. Les paroles du dieu de l'Islam sont celles d'un démon en colère. Elles sont mauvaises et ne font référence qu'à la mort de mon âme. La Bible chrétienne est vivante ! Mais comment un livre aussi impressionnant et étonnant a-t-il pu rendre mon père terrestre assez furieux pour tuer son propre fils ? Il doit y avoir quelque chose qui ne va pas, que ce soit avec le Coran, mon père ou les deux. Bien sûr, je sais maintenant que mon père vit dans l'aveuglement spirituel, dans l'esclavage du monde et du méchant, par un esprit mauvais de fausse religion (2 Cor 4,4; Eph 2,1-3). Aujourd'hui encore, je prie pour l'âme de mon cher père, pour qu'il soit racheté et que ses yeux soient ouverts par Jésus.

Avant d'avoir accès à l'internet, je nourrissais mon âme en essayant de me souvenir du plus grand nombre de versets possible, et plusieurs me sont venus à l'esprit que je ne comprenais pas auparavant, jusqu'à ce que ma famille me renie. Les paroles de Jésus avaient maintenant un sens.

> N'imaginez pas que je suis venu apporter la paix à la terre ! Je ne suis pas venu apporter la paix, mais une épée. Je suis venu dresser un homme contre son père, une fille contre sa mère, et une belle-fille contre sa belle-mère. Vos ennemis auront raison dans votre propre maison ! Si vous aimez votre père ou votre mère plus que vous ne m'aimez, vous n'êtes pas digne d'être à moi ; ou si vous aimez votre fils ou votre fille plus que moi, vous n'êtes pas digne d'être à moi. Si vous refusez de prendre votre croix et de me suivre, vous n'êtes pas digne d'être à moi. Si tu t'accroches à ta vie, tu la perdras ; mais si tu donnes ta vie pour moi, tu la retrouveras (Mt 10,34-39).

Jésus ne parlait-il qu'à ses disciples ou à quelqu'un 2000 ans plus tard également ? Ses paroles ne s'adressent pas seulement à ceux qui l'ont vu dans la chair, mais aussi à ceux qui le suivront dans les siècles à venir (Jn 17,20-22). Notre Seigneur a ordonné à ses humbles apôtres de mettre par écrit ces paroles pour toutes les générations. Il avait préservé ces paroles, étant tout savant et tout sage, pour moi et pour d'autres comme moi.

BAPTISE

J'avais lu dans la Grande Commission les paroles de Jésus sur l'importance de confesser publiquement le Christ lors du baptême. À cette époque, j'ai établi un lien avec des missionnaires américains résidant à Bahreïn, une petite île au large de la côte orientale de l'Arabie saoudite dans le golfe Persique. Je leur ai fait part de mon désir d'être baptisé, mais ils ne pouvaient pas venir en Arabie Saoudite. J'ai décidé de faire le voyage de dix heures à Bahreïn où j'ai rencontré ces chers frères. Nous avons célébré mon baptême sous le couvert de la nuit pour éviter d'être détectés par le gouvernement.

Nous avons marché à travers le sable chaud jusqu'à l'eau chaude. Dix frères américains se sont rassemblés pour témoigner de ma confession du Christ, dont deux m'ont rejoint dans l'eau et m'ont baptisé. Alors que l'eau salée me submergeait, on m'a rappelé que, en tant que chrétiens, nous sommes le sel de la terre (Mt 5,13). Je suis sorti de l'eau "ressuscité... dans la nouveauté de la vie" (Rom 6,4, ESV) et prêt à suivre mon Seigneur partout où il me conduira. Quelle joie de confesser publiquement et de suivre le Christ !

LA BIBLE EN LIGNE

Quand je suis revenu de Bahreïn, j'ai essayé de trouver une Bible en ligne, mais tous les sites de ce type étaient bloqués. Puis j'ai découvert le VPN (réseau privé virtuel), un moyen de créer un tunnel sous les radars du gouvernement, en cachant à la fois l'emplacement et l'identité. Pour la première fois, j'ai pu lire la Bible en ligne avec une connexion sécurisée, sans craindre d'être découvert par la police religieuse. Quelle faim j'avais de la Parole de Dieu ! Je ne pouvais pas m'arrêter de la lire ! A chaque instant, je lisais et méditais, ayant l'impression que Dieu avait écrit toute la Bible juste pour moi.

Le temps s'est arrêté quand j'ai ouvert le Mot. Le jour et la nuit se sont mélangés, et l'Esprit de Dieu a rempli mon cœur d'une joie qui dépasse l'entendement humain. Des versets comme "Donne aussi librement que tu as reçu" (Mt 10,8) m'ont profondément ému, non seulement pour lire la Parole de Dieu, mais aussi pour y obéir. Je ne pouvais pas rester assis en silence. Je devais partager ce qui m'avait été donné gratuitement par mon Seigneur Jésus. Alors que mes compatriotes saoudiens étaient morts dans leurs péchés, je jouissais maintenant du véritable don de la vie éternelle. Comment pouvais-je les laisser dans l'obscurité alors que la vraie lumière de Dieu brillait en moi ? Et quelle est cette lumière ? C'est le message qu'il n'y a pas d'autre chemin vers le Père que par Jésus. Un musulman ne peut faire aucun travail ou acte digne d'acheter la rédemption de Dieu, et aucun océan de bonnes œuvres ne peut laver ne serait-ce qu'un seul péché. Comme toute l'humanité, un musulman est impuissant à se réconcilier avec Dieu. Jésus a dit : "Je suis le chemin, la vérité et la vie. Nul ne peut venir au Père que par moi" (Jn 14,6). Jésus, le vrai Isa, est l'Agneau parfait qui enlève les péchés du monde (Jn 1,29). Maintenant que j'étais sauvé et rempli de cette glorieuse vérité, Dieu me disait de la partager. C'était mon plus grand honneur d'obéir.

UN SITE D'EVANGELISATION POUR LES MUSULMANS SAOUDIENS

L'amour du Christ m'a poussé à créer un salon de discussion que j'ai appelé "Jésus pour l'Arabie Saoudite". Pour la première fois dans l'histoire de mon pays, il y avait un endroit où les Arabes pouvaient s'informer en ligne sur Jésus auprès d'un citoyen d'Arabie Saoudite. Personne ne pouvait croire qu'il y avait un vrai chrétien saoudien pour l'administrer - ils pensaient certainement que je devais venir d'Irak, d'Iran, de Jordanie, d'Egypte ou d'ailleurs. Malheureusement, à cause de ce doute, j'ai finalement été dénoncé à l'hôte, Paltalk, une société juive. Ils m'ont bloqué, m'ont retiré l'accès et ont supprimé mon compte. Une généreuse femme juive et chrétienne américaine a ensuite donné des fonds pour rouvrir le salon de discussion, mais nous avons été à nouveau fermés.

Cela ne m'a cependant pas découragé ou empêché de partager ma foi avec les musulmans ! Je savais qu'ils étaient aveuglés par Satan, qu'ils ne pouvaient voir que selon ce monde, piégés dans la profonde obscurité de leur péché. "Nous ne luttons pas contre des ennemis de chair et de sang, mais contre les mauvais dirigeants et autorités du monde invisible, contre les puissances puissantes de ce monde de ténèbres et contre les mauvais esprits des lieux célestes" (Eph 6,12).

Dieu m'a appelé à prêcher l'Evangile à chaque personne que je peux atteindre (Mc 16,15). Le Coran a asservi tant de gens avec ses mensonges. Il présente une image inversée de la vérité et décrit Isa (Jésus) comme un simple homme. Mais je sais maintenant que Jésus est le divin Fils de Dieu (Col 1,15) qui est mort pour mes péchés.

Avec la vérité maintenant dans mon cœur, je ne pouvais pas être égoïste avec le message de l'Evangile. Alors, je me suis remis en ligne et je suis tombé sur un croyant saoudien qui demandait l'asile à l'étranger. Nous avons créé notre propre site web, en prenant soin de le garder à l'abri des regards du gouvernement. Mais au bout de quelques semaines, nous avons appris que le gouvernement saoudien était au courant de l'existence du site. Les journaux locaux ont même commencé à en parler, en nous mettant en garde contre nos jeunes tromperies. De nombreuses dénonciations émanaient des plus hautes autorités du Royaume saoudien, et même du Grand Mufti lui-même. Voici un extrait d'un article de magazine saoudien écrit sur nous à l'époque :

> Le Grand Mufti d'Arabie Saoudite a souligné que la soi-disant Organisation des Chrétiens Saoudiens n'a aucun lien avec la société saoudienne et ne la représente en aucune façon. Lors de sa participation à une réunion de missionnaires, le Mufti a déclaré que ce groupe n'aura aucune influence sur la société saoudienne, considérant que les sites web lancés au nom de cette organisation ne sont que des tentatives de percer la société saoudienne. La Commission saoudienne des communications et des technologies de l'information avait bloqué le site web de l'organisation de christianisation appelée "Organisation des chrétiens saoudiens", et de nombreux reportages locaux de ces derniers jours ont parlé du travail de cette organisation, mettant en garde contre sa tentative d'infiltrer la société saoudienne.

Avec une telle exposition, le gouvernement d'Arabie Saoudite a bloqué notre site web de façon permanente. Malgré ce revers, j'ai continué à partager ma foi avec les musulmans autour de moi via les médias sociaux, en particulier en recherchant des compatriotes saoudiens, car ils n'ont pas accès à la Bible.

LA PREMIERE PERSONNE QUE J'AI BAPTISEE

Avant que les autorités ne ferment le salon de discussion Paltalk, j'ai eu le privilège d'assister à la conversion d'un homme et à sa croissance en un disciple sérieux de Jésus. Un jour, alors qu'il exerçait son ministère dans le salon de discussion, une jeune femme l'a rejoint. Elle s'est rapidement montrée critique à l'égard du message de l'Évangile et est partie brusquement, terriblement bouleversée. Au cours des semaines qui ont suivi, elle n'est revenue que pour nous maudire et nous faire honte, et à chaque fois, je lui montrais la bonté de Jésus. Elle a ensuite disparu pendant un certain temps, et pendant ce temps, j'ai prié pour elle. Vous pouvez imaginer ma surprise et ma joie le jour où elle est revenue et nous a informés qu'elle lisait la Bible et cherchait le Seigneur pour la sauver ! L'Esprit de Dieu avait levé le rideau épais et sombre de la cécité de ses yeux, et elle pouvait maintenant voir et reconnaître Jésus comme son Seigneur et son Dieu.

Sa coupe débordant, elle souhaitait partager sa conversion avec son oncle. Ils organisèrent une rencontre privée, et elle en profita pour partager l'amour et l'espoir de Jésus. Son oncle, cependant, a répondu en se moquant d'elle, en pointant la Bible sur l'écran de son ordinateur et en disant : "Quels sont les noms de ces livres dans la Bible ? Malachi ? Ezéchiel ? Néhémie ? Ce sont des noms étranges !" (Les noms dans la Bible sont mal traduits dans certaines traductions arabes).

Elle a été profondément blessée par la réaction de son oncle. La gentillesse peu commune qu'elle avait toujours reçue de lui s'était transformée en mépris et en moquerie ; pourtant, elle rentra chez elle et pria pour lui.

Son oncle serait incapable de dormir cette nuit-là. Les vers qu'elle avait partagés avec lui résonnaient dans sa tête. Après s'être retourné pendant des heures, il a sauté du lit, laissant un enchevêtrement de couvertures dans son sillage et s'est dirigé vers son ordinateur en pensant : "Et si ma nièce avait raison ?"

Il n'était pas simplement curieux, c'était une incitation divine venant d'un Dieu qui l'aimait.

En cherchant sur son ordinateur, il a ouvert le VPN et a commencé à lire les Écritures du Nouveau Testament, attirées par les paroles de Jésus qui ne ressemblaient à rien de ce qu'il avait entendu. Il a ensuite commencé à comparer les Écritures chrétiennes avec le Coran. Alors qu'il pesait les deux, les paroles de Jésus ont touché son cœur d'une manière et d'une profondeur qu'aucun mot du Coran n'avait jamais fait. C'étaient des paroles douces et invitantes de pur amour !

Après une riche étude du Nouveau Testament, testant le Coran à fond par rapport à la Bible, il a trouvé son réconfort dans les paroles de Jésus et a abandonné sa vie et son éternité à son nouveau Seigneur et Sauveur, Jésus Christ !

Le lendemain, il m'a parlé de sa conversion dans notre chatroom et a exprimé son désir d'être baptisé. Je suis parti immédiatement pour le rencontrer chez lui. C'était un voyage long mais sans fardeau, car un homme dur avait été transformé en argile moulable par l'amour du Christ. Lorsque je suis arrivé dans sa ville, il m'a accueilli. C'était notre premier contact face à face. Quel miracle que deux hommes élevés dans l'Islam suivent maintenant Jésus le Messie ! Je suis entré chez lui, et il m'a montré où il avait préparé une baignoire pour son baptême.

Avant de poursuivre, nous nous sommes assis ensemble et avons bu du thé tout en étudiant la signification biblique du baptême : un symbole de la mort à l'ancienne vie et une résurrection spirituelle à la nouvelle naissance. Il a accepté avec joie la Parole de Dieu, et ensemble nous avons pataugé dans les eaux du baptême. C'était la première fois que je suivais l'ordre de Dieu de faire des disciples : "les baptisant au nom du Père, du Fils et du Saint-Esprit" (Mt 28,19). Nous avons fait de notre mieux pour suivre le modèle de notre Seigneur, qui a lui-même été baptisé dans le Jourdain. Bien qu'il n'y ait pas de fleuve, notre Dieu avait prévu une baignoire, et c'était plus que suffisant.

Alors qu'il s'agenouillait dans le récipient étroit, je lui ai dit : "En obéissance à l'ordre de Jésus, je te baptise au nom du Père et du Fils et du Saint-Esprit. "

Ce fut le début d'une solide fraternité entre un ancien musulman sunnite (moi) et un ancien musulman chiite (mon nouvel ami). Aliénés par quatorze cents ans de guerre et une doctrine divisée de haine et de destruction, nous avons été réunis dans l'amour du Christ. "Car le Christ lui-même nous a apporté la paix. Il a uni les Juifs et les païens en un seul peuple lorsque, dans son propre corps sur la croix, il a brisé le mur d'hostilité qui nous séparait" (Eph 2,14).

UN VOYAGE POUR VOIR MON PERE SPIRITUEL

L'année suivante, lors d'une courte interruption de l'école, j'ai décidé de retourner à Auckland, en Nouvelle-Zélande, pour voir mon père dans la foi. Quelle joie d'être disciple de lui dans la Parole de Dieu ! Chaque jour, nous avons passé du temps à lire et à étudier la Bible ensemble, et j'ai été invité à parler dans des églises de toute la Nouvelle-Zélande. C'était la première fois que je témoignais publiquement de ma conversion et de mon abandon au Christ. Les gens étaient stupéfaits et louaient Dieu pour tout ce qu'il avait fait dans ma vie. Mon père dans la foi était là avec moi à chaque étape du chemin.

Nous sommes allés à Marsden Cross en Nouvelle-Zélande, l'endroit même de cette île où l'on dit que l'Evangile a été prêché pour la première fois. La Nouvelle-Zélande est littéralement au bout du monde, le dernier morceau de terre avant l'Antarctique. Je me souviens avoir pensé : "Jésus a ordonné que l'Évangile soit prêché jusqu'au bout du monde - et me voilà au bout du monde !

Le dernier jour de mon voyage, en méditant sur l'Écriture, j'ai lu un passage dans lequel Jésus ordonne à ses apôtres de prêcher l'Évangile et de ne rien emporter avec eux.

> Puis il les a envoyés pour parler à tout le monde du Royaume de Dieu et pour guérir les malades. "Ne prenez rien pour votre voyage", leur dit-il. "Ne prenez pas de canne, de sac de voyage, de nourriture, d'argent, ni même de vêtements de rechange. Où que vous alliez, restez dans la même maison jusqu'à ce que vous quittiez la ville. Et si une ville refuse de vous accueillir, secouez la poussière de vos pieds en partant pour montrer que vous avez abandonné ces gens à leur sort".
> Ils commencèrent donc leur circuit des villages, prêchant la Bonne Nouvelle et guérissant les malades (Lc 9,2-6).

Jésus me parlait personnellement, car j'avais le même fardeau dans mon cœur. En symbole d'obéissance au Christ, j'ai donné mes bagages à mon père spirituel et je suis parti pour l'Arabie Saoudite, ne prenant que les vêtements sur mon dos et les sandales aux pieds. Des années plus tard, Dieu m'a rappelé sa fidélité lorsque ces mêmes bagages m'ont été rendus dans ma nouvelle maison en Amérique.

UN PELERINAGE CHRETIEN A LA MECQUE

Le semestre suivant, j'ai repris mes études de médecine à l'université tout en continuant à me renseigner sur mon Seigneur. Chaque jour, je me réjouissais de m'enfoncer dans la Parole de Dieu. J'ai été particulièrement touché par la série de David Platt sur "L'Eglise secrète", décrite sur son site web:

> L'église secrète est notre version de "l'église de maison" où nous nous réunissons périodiquement pour un temps intense d'étude de la Bible - qui dure plus de six heures - y compris un temps de prière pour nos frères et sœurs du monde entier qui sont confrontés à la persécution et pour ceux qui n'ont toujours pas entendu l'Évangile.[12]

Grâce à cette étude, je me suis un jour sentie poussée à faire quelque chose au-delà de la prière pour ma nation. J'ai lu dans les Psaumes : "Je te rendrai grâce, Yahvé, parmi tout le peuple. Je chanterai tes louanges parmi les nations" (Ps 108,3). En Arabie Saoudite, les chrétiens sont sévèrement persécutés. "Comment donc", me suis-je demandé, "puis-je louer le nom du Christ parmi les nations ?"

Comme mes études se terminaient cet été-là, j'ai décidé de faire un pèlerinage à la Mecque, mais cette fois-ci au nom de Jésus. Je me suis retrouvé entouré d'environ trois millions de personnes, jeunes et vieux, et tous musulmans, sauf un : moi. J'ai intercédé pour cet ensemble diversifié de langues et de tribus. J'ai prié jour et nuit pour qu'ils connaissent Jésus-Christ, celui devant lequel tout genou fléchit et toute langue confesse qu'il est le Dieu tout-puissant (Phil 2,9-11). J'ai prié pour qu'ils se joignent à nous dans la Nouvelle Jérusalem en tant que citoyens du ciel.

Jésus a dit qu'il allait nous préparer une place dans une ville si énorme (1400 miles par 1400 miles) qu'elle pourrait couvrir l'ensemble des Etats-Unis d'Amérique, le Mexique et une partie du Canada (Ap 21,16) ! Une ville aussi vaste et éternelle attend un nombre incalculable de personnes ; il y a en effet de la place pour ma parenté musulmane. Et c'est pourquoi je suis allé à la Mecque : pour me tenir au milieu de trois millions de personnes et leur parler du vrai Dieu.

---

[12] Pour plus d'informations, visitez le site http://www.radical.net/secret-church/.

Les Ecritures promettent que si vous cherchez le Seigneur de tout votre cœur, vous le trouverez (Jr 29,13). Les pèlerins de la Mecque paient souvent beaucoup d'argent pour faire le voyage, perdant parfois les économies de toute leur vie. Pendant dix jours, j'ai béni les masses au nom de Jésus et j'ai partagé l'Évangile, en engageant de nombreuses conversations et en pataugeant dans un grand nombre de rejets.

PROUVER QUE LE CORAN EST ERRONE

Pourquoi mon pèlerinage chrétien était-il si important ? Les musulmans croient que toute personne qui vient au grand sanctuaire de la Mecque ne peut pas prier sous un autre nom que celui d'Allah, sinon elle sera mise en pièces et descendue dans le feu de l'enfer par les oiseaux démoniaques de l'enfer.

Dans le grand sanctuaire, il y a une maison noire appelée la Kaaba, la mosquée la plus sainte de la ville la plus sacrée de l'Islam, considérée par les musulmans comme le *bayt Allāh*, la "Maison de Dieu". Son rôle est similaire à celui du Tabernacle et du Saint des Saints dans le judaïsme. Où qu'ils se trouvent dans le monde, les musulmans sont censés faire face à la Kaaba lorsqu'ils accomplissent la *salat* (prière) ; la direction à laquelle ils font face est appelée *qibla*. La Kaaba est considérée par les musulmans comme étant au centre du monde, avec la Porte du Ciel juste au-dessus, ce qui en fait le lieu où le monde sacré et le monde profane se rencontrent.

Le Coran est clair que quiconque vient à cette "porte du ciel" et prie en un autre nom qu'Allah sera dévoré par les démons de l'enfer (Coran 105; 22,25). Le Coran 105 fait référence à l'événement bien connu qui se serait produit l'année de naissance du prophète Muhammad, au cours duquel Allah a protégé la Kaaba contre l'attaque d'une armée païenne qui, montée sur le dos d'éléphants, est venue du Yémen dans l'intention de la détruire. On dit plutôt qu'Allah a anéanti la grande armée, en appelant de l'enfer des oiseaux minuscules qui les bombardaient de petites pierres d'argile pétrifiée. Allah fera de même, conclut-il, à quiconque souillerait le saint sanctuaire de la Kaaba avec un autre nom que le sien.

Pourtant, j'étais là, à prier au nom de Jésus, de tôt le matin à tard le soir, au milieu de trois millions de musulmans. J'ai souillé le saint sanctuaire par mes prières au Dieu vivant, le suppliant d'avoir pitié de toutes les âmes perdues qui priaient autour de moi, d'adoucir leur cœur pour qu'elles viennent au vrai Dieu par son Fils Jésus-Christ ! Un enregistrement de mes prières a même été publié sur les médias sociaux pour que tous les yeux et toutes les oreilles puissent les voir et les entendre.

D'après les textes sur lesquels j'ai été élevé, j'avais beaucoup offensé Allah ; mais je n'ai pas été dévoré par de petits oiseaux démoniaques. J'ai élevé le nom du vrai Roi et Dieu Jésus-Christ parmi les millions d'âmes musulmanes perdues, et aucun mal ne m'est arrivé.

Mon pèlerinage chrétien réfute les enseignements du Coran. Je me tiens dans la vérité écrite par l'apôtre Jean qui a dit "Petits enfants, vous venez de Dieu et vous les avez vaincus, car celui qui est en vous est plus grand que celui qui est dans le monde" (1 Jn 4,4, ESV). Ma prière est que les musulmans du monde entier soient vaincus par l'amour de Jésus et obtiennent la vie éternelle grâce à son sacrifice expiatoire pour tous nos péchés.

Alors que j'étais encore à la Mecque, j'ai demandé à deux amis chrétiens américains d'une église bien connue de se joindre à moi pour prier pour les nations, et nous avons mis en place un flux Skype en direct pour me rejoindre dans la prière pour les multitudes présentes au nom de Jésus.

Je savais que Satan allait attaquer ; ce n'était qu'une question de temps. C'est un combat spirituel intense, et je savais que je mettais le pied sur l'un des champs de bataille les plus profonds et les plus sombres, marchant directement dans la forteresse d'une puissance satanique. Je n'avais pas peur d'entrer sur le territoire de Satan et d'y proclamer le pouvoir du vrai Isa. Dans les jours qui ont suivi, l'enfer lui-même semblait s'être ouvert, lançant un assaut de feu et de soufre spirituel sur ma vie et celle de ceux qui s'étaient joints à ma quête.

5 | TORTURE POUR LE CHRIST

Bénissez ceux qui vous persécutent.
Ne les maudissez pas ; priez pour que Dieu les bénisse.
ROMAINS 12,14

Je n'avais aucune idée à quel point Satan allait m'attaquer. Tout le territoire appartient au Seigneur : "La terre appartient à l'Éternel, et tout ce qui s'y trouve. Le monde et tous ses habitants lui appartiennent" (Ps 24,1). Pourtant, je sais que le méchant a revendiqué cette terre comme sienne, et qu'il fera tout son possible pour se débarrasser de ceux qui proclament la vérité.

L'EVANGELISATION MUSULMANE

J'ai repris l'évangélisation en ligne avec les musulmans. L'un d'eux, un citoyen saoudien, semblait très intéressé et posait beaucoup de questions. Nous avons lu la Bible en ligne ensemble, et j'étais toujours prêt à donner une réponse avec douceur et respect sur l'espérance de Jésus vivant en moi (1 P 3,15). Finalement, il m'a demandé si nous pouvions parler face à face plutôt que derrière un écran. Montrer mon visage à un non-chrétien serait un risque énorme ; cela pourrait conduire à mon exécution. Mais je savais que Dieu m'avait sauvé par Jésus, et que Jésus "ne veut pas qu'aucun ne périsse" (2 P 3,8-10) mais que "tous parviennent à la connaissance de la vérité" (1 Tm 2,4).

Je n'ai pas donné de réponse immédiate, mais j'ai prié pour lui comme il me l'avait demandé. En le faisant, j'ai entendu la voix de Dieu dans la Bible : "Allez, de toutes les nations faites des disciples" (Mt 28, 19). Le Seigneur me disait : "Va ! Qu'attends-tu ?" Et en réponse à mes prières, le Seigneur m'a accordé la paix, et je me suis arrangé pour rencontrer l'homme dans un café.

Lors de notre rencontre, l'homme s'est beaucoup renseigné sur l'authenticité de la Bible. J'ai répondu patiemment et lui ai donné la vérité de l'Isa réel avec de nombreuses réponses solides tirées de la Bible chrétienne.

"Jésus nous a dit d'aimer nos ennemis", ai-je dit.

"Muhammad aimait aussi ses ennemis", a-t-il répondu.

"Tuer ses ennemis n'est pas une façon de les aimer", lui ai-je dit. "Comment pouvez-vous les aimer si vous êtes prêt à leur ôter la vie ? Jésus n'a tué personne, mais a été crucifié pour nos péchés. Il a donné sa propre vie pour ses ennemis en mourant pour eux."

L'homme répondit : "Quand Mahomet est revenu à la Mecque, il n'a pas tué son propre peuple."

"C'est vrai", ai-je dit. "Il n'a pas tué les membres de sa tribu. Pourtant, lui rappelai-je, Mohammed a tué beaucoup de gens à la Mecque qui étaient en dehors de sa tribu. Il était heureux de détruire tous ceux qui l'avaient insulté. Jésus, par contre, n'a jamais tué personne, mais nous a plutôt démontré son amour en ce sens que, alors que nous étions encore des pécheurs, il est mort pour nous. De plus, il ramenait les morts à la vie lors de résurrections publiques. "

Je lui ai ensuite montré à partir de la Bible comment l'œuvre de rédemption de Jésus a été observée par des centaines de témoins oculaires, non seulement sa crucifixion, mais aussi sa résurrection (1 Cor 15,1-6).

"Alors qu'il écrivait cette même lettre (1 Corinthiens)," ai-je poursuivi, "Paul a encouragé les croyants corinthiens à aller interroger certains de ces mêmes témoins oculaires. Les actes de Mahomet, en revanche, étaient entourés de mystère, sans aucun témoin. Par exemple, son ascension au ciel n'a eu aucun témoin. Le Coran en parle, disant que l'ascension de Muhammad a eu lieu alors que tout le monde dormait (Coran 17,1). Muhammad est revenu de son ascension et a raconté son expérience à ses disciples ; pourtant, il n'y avait pas un seul témoin ni aucune preuve que cela s'était réellement produit."

Les actes de Jésus se déroulaient presque toujours devant des témoins. Lorsque Jésus a été baptisé, il y a eu une manifestation visible de l'Esprit comme une colombe, et la voix de Dieu venant du ciel dont tout le peuple a témoigné (Mt 3,13-17).

"Dieu est saint", ai-je poursuivi, "et sa justice ne peut accepter moins qu'un prix complet pour nos péchés. Nos propres tentatives de justice ne peuvent nous purifier de notre iniquité ; un paiement plus élevé que ce que nous pouvons nous permettre en dehors d'une seconde, la mort éternelle, est nécessaire. Le vrai Isa a fait ce paiement pour nous sur la croix. Jésus est la Parole de Dieu et est la représentation parfaite du Père. Il est saint et parfait, et par conséquent, a suffi pour satisfaire la justice de Dieu pour tous nos péchés".

L'homme semblait être réceptif à Jésus comme étant le chemin, la vérité et la vie. Il m'a demandé de prier pour lui et, ravi, j'ai prié sincèrement au nom de Jésus pour qu'il se repente et mette toute sa confiance en Jésus pour le salut de son âme.

Mais ce qui aurait dû être un moment de joie a soudain tourné au chaos lorsque cet homme est devenu furieux que j'aie prié au nom de Jésus. Sa rage dépassait l'entendement et je pouvais voir la colère lui transpercer le visage. Il a crié : "Tu es un infidèle maudit ! Tu es un païen pour avoir prié au nom d'un être humain !"

Il a dit bien plus que cela, mais mon attention s'est portée sur tous ceux qui me regardaient dans le café. Alors qu'il continuait à faire éruption, j'ai élevé une prière pour lui, demandant que Dieu ait pitié de lui et sauve son âme.

Un tel homme, je le savais, pouvait être assez en colère pour appeler la police religieuse.

J'avais raison.

MA VIA DOLOROSA

J'avais à peine réussi à rentrer dans mon dortoir que la police religieuse a fait irruption par la porte. Utilisant toutes leurs forces, ils ont brandi des matraques et des poings remplis de haine et d'intentions meurtrières, et m'ont brutalement battu jusqu'à ce que mon corps soit brisé, meurtri et saigné. Leurs matraques ont atterri contre mes os comme des haches émoussées, et leurs mains ont porté des poignées d'éclairs. Ils se sont balancés, ont fait des griffes, m'ont donné des coups de pied et ont frappé, répandant mon sang, mes dents et des cris sauvages sur le sol. Je croyais vraiment que je rencontrerais mon Jésus ce jour-là.

Lorsque les coups ont enfin cessé, j'ai été soulevé du sol ; et là, j'ai vu un étang pourpre et maculé de cramoisi dans lequel reposaient des fragments de treize de mes dents - qui ont depuis été remplacées par des prothèses et des restaurations dentaires. J'étais menotté et enchaîné comme une bête, le cou, les mains et les pieds enchaînés. Ils m'ont porté, m'ont fait parader devant mes camarades, m'ont humilié et m'ont traité comme un criminel - mon "crime" étant que j'avais aimé les autres et que je les avais dirigés vers les bras aimants du Seigneur Jésus-Christ.

Mon réconfort est venu et vient encore du fait que, dans ma souffrance, j'étais et je suis encore sur les traces de Jésus (1 P 2,21), qui, portant sa croix, avait aussi été paradé comme un criminel sur la Via Dolorosa (chemin de la souffrance). Je peux imaginer ce que Jérémie a dû ressentir lorsqu'il a été abandonné par son propre peuple. Il s'est même senti abandonné par Dieu. "Il a tiré ses flèches au fond de mon cœur. Mon propre peuple se moque de moi. Tout au long de la journée, ils chantent leurs chansons moqueuses. Il m'a rempli d'amertume et m'a donné à boire une tasse de chagrin amer. Il m'a fait mâcher du gravier. Il m'a fait rouler dans la poussière. La paix a été arrachée, et j'ai oublié ce qu'est la prospérité" (Lam 3,13-17).

J'ai été placé dans une voiture de la police religieuse et emmené dans une cellule sombre, miteuse et sale. C'est ainsi qu'a commencé une forme de torture encore plus atroce : la torture mentale. Jour et nuit, on me faisait exploser le Coran dans ma cellule, jour et nuit, encore et encore, j'entendais les chants enregistrés du message de Mahomet en arabe. Un de ces vers résonne encore dans mon cerveau aujourd'hui : "Ceux qui disent que Jésus est Dieu sont des infidèles" (Coran 5,72) - encore et encore, encore et encore et encore !

Certes, pensait la police religieuse, il est impossible pour le fils d'un mufti d'être croyant en Jésus. J'ai dû être dépassé par Satan ou être possédé par le démon "Yeshoua" qui pouvait être exorcisé par le récit incessant du Coran. Mais je n'étais pas possédé. J'étais réveillé de mon sommeil. J'étais vivant de la tombe. J'étais né de nouveau par l'Esprit de Dieu. Et aucun coup ne pouvait m'expulser de l'amour de Jésus ; aucun lavage de cerveau ne pouvait effacer la bonté que Jésus avait gravée dans mon âme. J'appartenais maintenant à Jésus.

Ma souffrance était si grande dans les jours et les nuits à venir que j'avais envie de rentrer au paradis ; il semblait que le tourment ne finirait jamais. Chaque jour, je serais battu et soumis à d'atroces tortures physiques. Ils me fouettaient violemment le dos et frottaient ensuite du sel sur mes blessures. Ils m'enchaînaient et battaient mon corps et mes pieds jusqu'à ce que je ne puisse plus marcher. Certains jours, ils faisaient couler lentement du sel sur ma peau tendre et meurtrie - oh, comme elle brûlait ! Me torturer était leur plaisir quotidien, et ils se délectaient à concocter de nouvelles méthodes barbares à tester sur moi.

Je suis resté en isolement religieux 24 heures sur 24, 7 jours sur 7, ne m'arrêtant que pour être torturé ou interrogé. Sous la lumière aveuglante des interrogatoires, ils me frappaient sous tous les angles, parlant de ma famille et me rappelant que mon père est un grand chef à la Mecque. On m'a dit qu'un démon m'avait possédé, que je m'étais égaré et que je devais retourner à l'Islam. Mais les plus grandes ténèbres et le plus grand mal se sont manifestés lorsqu'ils m'ont ordonné de blasphémer le Christ.

Ils m'ont ordonné de répéter : "Jésus est un âne" ou "Jésus est un chien", heure après heure, alors qu'ils riaient et se moquaient de moi ; et si je refusais, ils me fouettaient le dos. Finalement, j'ai été fouetté tellement de fois que mon dos a été éventré. Une fois de plus, ils ont violemment frotté du sel sur mes blessures, en criant au milieu de leurs rires maniaques, alors que leurs mains étaient rouges de mon sang : "Où est ton Jésus ? Qu'il vienne te sauver !"

Alors que la douleur me brûlait la chair, je souhaitais qu'un feu tombe d'en haut et les brûle de la surface de la terre. Vous voyez comme je suis un grand pécheur ? Dieu m'a soutenu par sa grâce, et je me suis depuis repenti de mes pensées amères. J'aurais dû aimer mes ennemis, comme je les aime maintenant, et prier pour qu'ils se tournent vers Jésus. Mais c'était une souffrance comme je n'en avais jamais connue auparavant - une douleur sans fin, un corps sans cesse douloureux et sans soulagement, une peau brûlante, une tête qui battait, aucun repos et aucune aide de Dieu. Je me suis sentie abandonnée et j'ai failli tomber dans le désespoir, mais le Saint-Esprit en moi me murmurait des encouragements avec plus de persistance que les fouets des méchants.

J'étais détesté parce qu'ils détestaient Jésus. Quel honneur de souffrir pour mon Seigneur et mon Roi ! Les paroles de Jésus avaient enfin un sens pour moi : "Dieu vous bénit lorsque les gens se moquent de vous, vous persécutent, mentent à votre sujet et disent toutes sortes de choses mauvaises à votre sujet parce que vous êtes mes disciples. Soyez-en heureux ! Soyez très heureux ! Car une grande récompense vous attend au ciel. Et souvenez-vous, les anciens prophètes ont été persécutés de la même manière" (Mt 5,11-12).

Mon combat n'était pas contre des êtres humains, mais plutôt contre des êtres spirituels, des anges déchus (Eph 6,12-13), qui avaient aveuglé les yeux de mes bourreaux. Quelques mois auparavant, j'étais à la Mecque pour louer le nom du Seigneur Jésus-Christ parmi les nations. Mais maintenant, le prince des ténèbres s'est réveillé, sachant que son temps est court (Mc 3,27; Ap 12,12).

MON DEPART EST PROCHE

Que se passait-il ? Ma vie avait été bouleversée, mais le Seigneur m'a réconforté dans mon tourment, et je suis honoré d'avoir souffert pour lui. Il m'a fait penser à des versets d'Éphésiens 6. "Tiens bon", je pouvais entendre mon Seigneur dire. "Revêtez toute l'armure de Dieu !" J'ai prié, en silence et sincèrement, pour que Dieu m'aide à tenir debout. Puis un jour, Dieu a répondu à mes prières.

Mon dos avait été mis en lambeaux, mon corps était meurtri et il me manquait près de la moitié de mes dents. Je croyais vraiment que je serais bientôt exécuté publiquement, décapité, comme l'avait été l'apôtre Paul. Mais je m'en fichais, je voulais juste rencontrer mon Jésus. Et en attendant que mon heure vienne, j'ai découvert que je pouvais m'identifier à la réflexion de Paul sur son exécution imminente : "Je suis maintenant prêt à être offert, et le moment de mon départ est proche" (2 Tm 4,6, KJV).

Lors de mon audience religieuse, le juge religieux m'a dit : "Vous êtes si jeune. Vous avez été trompé".

Par la miséricorde du Dieu vrai et vivant, ils ont décidé de ne pas appliquer la loi de l'apostasie ! S'ils l'avaient fait, j'aurais été envoyé à la capitale et exécuté. Au lieu de cela, ils m'ont envoyé dans un centre de renouvellement de l'esprit islamique (lavage de cerveau). J'y suis allé et j'ai facilement passé tous leurs tests doctrinaux de l'Islam, ayant connu toutes les réponses car je suis officiellement reconnu par ma nation comme quelqu'un qui a mémorisé le Coran, mot pour mot sans erreur.

Après presque trois mois de détention dans le centre de lavage de cerveau islamique, j'avais si bien répondu à toutes les questions que le directeur du centre m'a libéré et m'a déclaré "réhabilité avec succès".

Ils se targuent d'être les "pionniers du traitement intellectuel". Mais je leur ai simplement donné des réponses de mon esprit ; elles ne pouvaient pas atteindre mon cœur car "rien ne peut me séparer de l'amour du Christ" (Rom 8,38-39). Par la grâce de Dieu, j'ai gardé un esprit sain pour Jésus tout au long de ma détention. Mon cerveau avait déjà été lavé avec le sang de Jésus ! Ses paroles sont en effet vraies :

> Mes brebis entendent ma voix, je les connais et elles me suivent. Je leur donne la vie éternelle, et elles ne périront jamais, et personne ne les arrachera de ma main. Mon Père, qui me les a données, est plus grand que tous, et personne ne peut les arracher de la main du Père (Jn 10,27-29).

Ce devait être mon dernier semestre d'école de médecine, mais ce semestre a été perdu à cause de l'enfermement et de la torture, et j'ai fini par échouer dans deux matières.

Pendant la torture, je me suis dit : "Ok, Seigneur, si tu veux que je sois médecin, je le ferai ; sinon, j'ai confiance que tu pourras toujours subvenir à mes besoins et que tu ne m'abandonneras jamais".

Que ferai-je lorsque je retournerai à l'école de médecine, me suis-je demandé ? Est-ce qu'ils me permettront de terminer ?

6 | UN AVENIR ET UN ESPOIR

"Car je connais les projets que j'ai pour vous", dit le Seigneur. *"Ce sont des plans pour le bien et non pour le désastre, pour vous donner un avenir et un espoir"*.
JEREMIE 29,11

J'ai demandé grâce au doyen du collège. Je ne pouvais pas lui dire la raison de mon absence, mais je l'ai supplié, ainsi que les directeurs médicaux, de me donner une autre chance. Ils ont eu une réunion pour discuter de mon cas, et ce faisant, ils ont vu que j'avais été un excellent étudiant. Il y avait encore de l'espoir.

UNE PERCEE SCIENTIFIQUE

J'étais l'une des rares personnes de ma faculté de médecine dont les recherches avaient été publiées à l'Institut national des sciences des États-Unis. En outre, j'étais le seul membre d'une équipe de recherche composée de médecins internationaux accomplis, chacun avec un stock de titres et de diplômes à son actif, qui n'avaient pas encore obtenu de diplôme. Nous avions publié des travaux de recherche portant sur un éventuel remède à une maladie auto-immune. Nos essais médicaux avaient été réalisés sur des animaux et s'orientaient maintenant vers des essais sur l'homme. Le doyen a déclaré qu'en raison de mes efforts supérieurs qui avaient permis la diffusion mondiale de nos découvertes scientifiques, l'université serait prête à m'offrir une autre chance.

On m'a donné un mois pour étudier en vue de mes examens finaux. J'ai étudié près de dix-sept heures par jour. Après un mois de préparation constante et d'étude rigoureuse, j'ai passé mes examens et j'ai canalisé tout ce que j'avais appris avec mon crayon. Deux semaines plus tard, j'ai reçu un courriel m'informant que j'avais réussi. Comme les choses changent vite ! Un mois auparavant, j'avais été prisonnier, enchaîné et battu. Maintenant, j'étais médecin. Dieu est "capable d'accomplir infiniment plus que ce que nous pourrions demander ou penser" (Eph 3,20).

À la fin de ses études de médecine, il faut faire une demande de stage en tant que médecin en formation. Ces emplois comportent de grandes responsabilités et sont très bien rémunérés. Il était impératif que je trouve un emploi rapidement, car les diplômés ne recevaient plus d'allocation d'étudiant du gouvernement et mon contrat de résidence libre était sur le point d'expirer. Cependant, comme j'avais obtenu mon diplôme plus tard que tous les autres, mes pairs avaient déjà obtenu leur stage, laissant le bassin de postes ouverts ressembler à un baril sans poisson.

Le premier hôpital auquel j'ai postulé était en ville. J'avais de grands espoirs d'être accepté dans leur programme, mais ils m'ont refusé en disant : "Pourquoi postulez-vous ? La date limite de dépôt des candidatures était fixée à plusieurs semaines. Quel manque de professionnalisme que de penser que vous pouvez vous promener ici et espérer un poste".

Hôpital après hôpital, c'était la même chose : "Comment pouvons-nous vous confier la vie de nos patients ? Si vous n'avez aucune responsabilité lorsque vous postulez pour un stage, combien moins de soins aurez-vous pour les patients ? Si nous vous acceptons, la note de notre hôpital sera dégradée".

Découragé et incertain de ce que Dieu faisait, j'ai pris une profonde respiration et je me suis rendu dans le tout dernier hôpital de ma liste. À mon arrivée, le directeur philippin m'a sermonné, m'accusant d'être un médecin paresseux. Elle était déconcertée que je n'aie pas fait de demande il y a des mois. Je ne pouvais tout simplement pas lui dire que j'avais été retardé parce que j'avais été torturé pour avoir cru en Jésus. Mais si je ne trouvais pas de travail et rapidement, je serais bientôt à la rue à mendier de la nourriture.

Mon esprit tourbillonnait. Est-ce mon paiement pour avoir fait confiance au Christ ? J'ai prié : "Seigneur, pourquoi m'as-tu fait ça ?" Je me sentais si seule et si éloignée du Seigneur. J'ai même commencé à croire qu'il m'avait oublié. J'ai pensé : "Et si j'allais mendier à un feu rouge, et qu'un de mes frères passait dans sa Porsche, me voyait et baissait la vitre pour me châtier et me moquer en disant : 'Regarde ce que ton Seigneur t'a fait ! Il est clair qu'Allah vous punit, car vous vous êtes égarés !'"

La directrice a continué à donner des conférences, mais mes pensées étaient si confuses et mon cœur si lourd que je n'ai pas entendu un seul mot de ce qu'elle disait.

UN SIGNE DE DIEU

Lorsqu'elle a fini de parler, je me suis levé de ma chaise et j'ai bougé pour faire ma sortie, mais j'étais tellement accablé de désespoir que je suis tombé à reculons sur le canapé au fond de son bureau. Enfonçant ma tête dans mes mains, j'ai fermé les yeux et j'ai commencé à prier. Alors que les larmes coulaient librement sur mon visage, j'ai pleuré en silence en disant : "Jésus, tu as promis que tu ne nous laisserais pas orphelins. Où es-tu ? Tout le monde m'a quitté, mais j'ai la foi que tu ne me quitteras jamais".

Je ne pouvais pas m'arrêter de pleurer, et quand j'ai enfin ouvert les yeux, la pièce était toute floue. En essuyant les larmes, mes yeux se sont lentement concentrés sur un morceau de papier collé au mur au-dessus de la tête du réalisateur. Je pouvais à peine le distinguer, mais l'inscription, sans référence ni attribution, se lisait en anglais : "Car je connais les plans que j'ai pour vous, des plans pour vous faire prospérer et non pour vous nuire, des plans pour vous donner de l'espoir et un avenir. "

Mon désespoir s'est évanoui, et j'ai sauté de joie !

"C'est Jérémie 29,11 !" me suis-je exclamé.

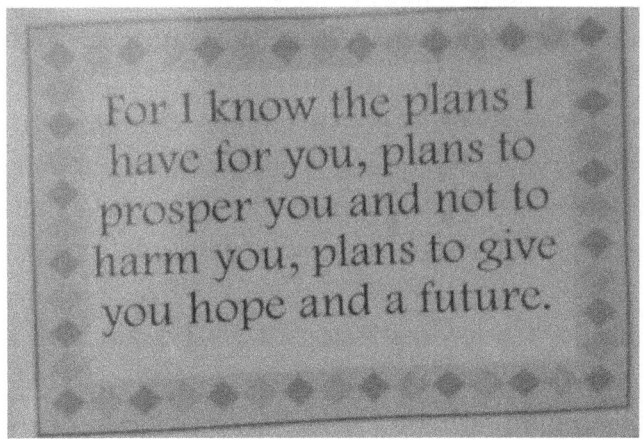

Le signe réel au-dessus du bureau du directeur

Elle a pris peur et, en sautant de sa chaise, elle s'est mise à me crier dessus, me bombardant de questions comme une mitrailleuse, les unes après les autres.

"Vous êtes de la police religieuse ?" a-t-elle aboyé.

Vu ma longue barbe et mes vêtements saoudiens, elle aurait pu penser que je venais secrètement l'interroger.

"Non", lui répondis-je, en baissant la voix pour tenter de la calmer. "Je ne suis qu'un interne qui espère travailler dans votre hôpital très respecté."

Elle m'a regardé attentivement et m'a demandé : "Lisez-vous la Bible ?"

"Oui", ai-je répondu. "C'est ainsi que je connais le verset. Mais", ai-je ajouté, "vous avez oublié d'inclure 'Ainsi parle le Seigneur'".

Me regardant droit dans les yeux, elle m'a demandé : "Es-tu chrétien ?"

Je ne savais pas quoi dire. Des pensées de prison, de tribunal, de persécution, de torture et de décapitation ont soudain fait irruption dans mon esprit. J'étais si vulnérable à ce moment-là qu'il devenait difficile de former des mots clairs - en outre, comme j'avais perdu la structure de tant de mes dents aux mains de la police religieuse, j'avais du mal à retrouver la parole. Maintenant, dans ce moment de tension, ma bouche avait oublié tout ce qu'elle avait appris. Comme j'ai dû lui paraître étrange, avec mes dents déformées et ma parole laborieuse.

"Que devrais-je dire, Seigneur ?" J'ai prié. "Si elle est musulmane, je serai sûrement renvoyée en prison et j'aurai probablement le reste de mes dents cassé ! Mais si je disais : "Non, je ne suis pas Jésus", je mentirais.

Ces mots me sont venus à l'esprit : "Sois sage !" Et puis un autre verset : "Je suis une personne de paix" (Lc 10,6, CSB). Ce sont ces mêmes mots qui ont constitué ma réponse.

"Qu'est-ce qu'une personne de paix ?" a-t-elle demandé.

"Lisez votre Bible", lui ai-je répondu.

Elle m'a fixé pendant un certain temps, l'air absolument choqué. Puis elle a pris mes documents et m'a dit : "Donne-moi ta candidature".

J'ai été licencié, et nous nous sommes séparés sans un mot de plus. Les prochains jours seront difficiles et incertains. Pendant tout ce temps, je priais Jérémie 29,11 : "Que Dieu me donne un avenir et une espérance".

Cette femme pourrait me faire du mal. Elle pourrait me transformer en police religieuse. Elle pourrait me faire rencontrer mon Sauveur très bientôt. Mais à mon grand étonnement, j'ai reçu un matin un appel de sa part m'informant que malgré le retard de ma demande, j'avais été officiellement accepté comme interne dans leur estimé hôpital. Comme tout avait soudainement changé. C'était une grande surprise pour moi, mais ce n'était pas une surprise pour Dieu.

LA VIE D'UN JEUNE MEDECIN

Travailler comme médecin en formation en Arabie Saoudite m'a permis de devenir enfin financièrement indépendant, et j'ai loué un bel appartement en ville et acheté un 4x4 qui était plus que suffisant pour me déplacer. Je n'aurais pas pu être plus heureux avec cette incroyable bénédiction !

Mes journées à l'hôpital m'ont tenu très occupé. Les gardes commençaient à six ou sept heures du matin et se terminaient à quatre ou cinq heures du soir. Parfois, j'étais de garde pendant vingt-quatre heures. Après avoir enfilé ma blouse, je me dépêchais de passer une journée entière à voir des patients, en rapportant toutes mes découvertes au médecin ou au consultant principal sur place. Dans certaines situations, cependant, il n'était pas nécessaire de consulter le médecin en chef, et je me contentais de faire le diagnostic et la prescription pour le patient moi-même.

Pour moi, en tant que chrétien, mon lieu de travail est devenu mon champ de mission. Je priais pour chacun de mes patients, mais ma chose préférée était de parler de la Bible. Bien que je ne puisse pas citer de versets directement, je préfigurais ce que je partageais avec : "Un sage a dit un jour..." Ce faisant, j'étais "sage comme un serpent et inoffensif comme une colombe" (Mt 10,16).

Lorsque je rentrais chez moi, je lisais la Bible ou je partageais l'Évangile en ligne. Mais j'avais vraiment envie d'une véritable communion chrétienne qui s'étende au-delà de mes quatre murs et de mon ordinateur. Je voulais juste me réunir avec mes frères et sœurs en Christ, partager des versets bibliques et des encouragements, ou simplement élever nos voix ensemble en chantant. Maintenant que j'avais un véhicule, j'avais la liberté d'explorer les communautés chrétiennes en Arabie Saoudite et au-delà.

7 | 13 HEURES POUR ALLER A L'EGLISE

Pensons à des moyens de nous motiver mutuellement à des actes d'amour et à de bonnes œuvres. Et ne négligeons pas notre rencontre, comme le font certaines personnes, mais encourageons-nous mutuellement, surtout maintenant que le jour de son retour approche.

HEBREUX 10,23-25

Il n'y a pas une seule église sur le sol saoudien. Les seules exceptions sont les églises des expatriés dans les ambassades américaine et britannique à Riyad (qui ne se trouvent pas techniquement sur le sol saoudien). En fait, l'objectif du Grand Mufti d'Arabie saoudite est de débarrasser le monde de toutes les églises. Aussi ambitieux qu'il soit dans ce but, le Seigneur dit : "aucune arme formée contre toi ne prospérera" (Es 54,17). J'avais de grands espoirs de trouver une "famille pour toujours" dans une communauté locale de chrétiens - c'était mon désir le plus profond. Pour être en bonne santé en tant que chrétiens, nous devons grandir dans la grâce grâce à travers la communauté d'une assemblée locale.

ACCUEIL ÉGLISES EN ARABIE SAOUDITE

Quand je suis arrivé au Christ, j'ai eu faim de bonne communion chrétienne, alors j'ai cherché dans les églises de maison souterraines proches et j'en ai trouvé plusieurs : philippine, américaine, africaine, etc. Elles étaient composées d'étrangers vivant et travaillant en Arabie Saoudite. Un groupe typique de croyants se réunissait en secret dans un appartement dont les murs étaient recouverts de plusieurs couches de tapis épais afin d'étouffer le bruit des chants, de la lecture et du culte. Un seul regard entendu par les mauvaises oreilles pourrait entraîner une descente de la police religieuse. Malgré le danger, la Bible nous commande : "Ne négligeons pas notre rencontre, comme le font certaines personnes, mais encourageons-nous mutuellement, surtout maintenant que le jour de son retour approche" (Heb 10,25).

J'étais tellement excitée la première fois que j'ai trouvé une bourse clandestine. Enfin, j'aurais une vraie famille en Christ ! En arrivant au lieu de réunion, j'ai frappé à la porte ; elle s'est ouverte d'un seul coup et le visage du chef du groupe, un pasteur philippin, y a pénétré. Il était entendu que c'était une situation dangereuse et j'étais prêt à répondre à toutes les questions de sécurité qu'il pourrait poser. Peut-être qu'il me demanderait : "Aimez-vous Jésus ?" ou "Voulez-vous adorer le Seigneur ? Voulez-vous en savoir plus sur Jésus ?"

J'étais persuadé qu'ils seraient ouverts à un chrétien local, peut-être même ravi que quelqu'un comme moi s'intéresse à Jésus. À ma grande surprise, cependant, il ne m'a posé qu'une seule question : "D'où venez-vous ?"

Pensant que cela leur apporterait de la joie de savoir que Dieu avait vraiment sauvé un Saoudien, j'ai souri et j'ai dit : "Je suis d'ici, un local".

Mes lèvres n'avaient pas encore prononcé ce dernier mot lorsque, à mon grand choc et à ma consternation, la porte fut soudainement et violemment claquée. La balançoire du pasteur était si dure qu'une brise importante m'a giflé.

C'était pour le moins décevant, mais j'étais déterminé à trouver dans ma ville natale ma "famille pour toujours" - certainement que *les* chrétiens m'accepteraient.

J'ai trouvé un autre groupe chrétien clandestin. Encore une fois, j'ai frappé ; mais, pour être honnête, j'étais un peu incertain. Comme l'autre, le chef de ce groupe, un pasteur anglo-américain, a ouvert la porte et m'a posé la même question : "D'où venez-vous ?"

Hésitant mais honnête, j'ai répondu : "Je suis saoudien".

Une fois de plus, la porte m'a claqué au nez.

Bien que j'aie essayé, je n'ai trouvé aucun précédent dans la Bible indiquant que si une personne d'une certaine nationalité essaie de rejoindre votre fraternité, vous devez lui claquer la porte au nez. Un verset qui m'a encouragé pendant cette période fait référence aux paroles de Jésus : "Je t'ai ouvert une porte que personne ne peut fermer" (Ap 3,8). Je savais que c'était vrai. Il fallait que je trouve cette porte.

Néanmoins, j'étais découragé. Dieu avait sauvé mon âme, mais les croyants du voisinage me voyaient comme une menace. Leur peur n'était pas au-delà de ma compréhension. J'ai prié pour qu'ils transmettent leurs craintes au Seigneur, et qu'il leur montre qui j'étais vraiment.

Pourtant, comme Saül de Tarse, j'étais pour eux un homme à qui on ne pouvait pas faire confiance. "Quand Saul est arrivé à Jérusalem, il a essayé de rencontrer les croyants, mais ils avaient tous peur de lui. Ils ne croyaient pas qu'il était vraiment devenu un croyant !" (Act 9,26). Au moins, je n'étais pas seul. La vie de Saul m'a apporté un peu de réconfort et de répit face à la persécution que je commençais à subir de toutes parts, même de la part de ceux qui se disaient chrétiens. J'avais envie de trouver un groupe qui croyait aux paroles de Jésus : "Tous ceux que le Père m'a donnés viendront à moi, et je n'en détournerai aucun" (Jn 6, 37, CEV).

ÉGLISE DE JESUS-CHRIST

Ces groupes d'appartenance ne voulaient pas d'une personne comme moi. Il est illégal pour eux de recevoir tout citoyen des États du Golfe dans leur communauté, car il est interdit à ces citoyens, régis par la charia, de se convertir au christianisme. Cela est considéré comme de l'apostasie et est puni de mort. Néanmoins, j'ai poursuivi mes recherches en dehors de l'Arabie Saoudite, car il existe un peu plus de liberté dans les autres États du Golfe.

J'ai envoyé des courriers électroniques aux églises de nombreux pays voisins. Chacune m'a dit qu'elle ne voulait pas de problèmes et que je ne serais pas la bienvenue. La seule église qui a répondu positivement s'appelait "L'Église de Jésus-Christ", ce qui sonnait comme un nom si merveilleux et si accueillant. Après avoir rencontré tant de découragement, le fait de voir le nom Jésus-Christ m'a rendu si heureux que j'ai sauté de ma chaise et j'ai crié : "Mon vrai peuple, le vrai peuple de Jésus-Christ qui ne me claquera jamais la porte au nez !"

Après douze heures de route, je suis enfin arrivé. Et il y avait devant un grand panneau avec ce beau nom ainsi que quelques petites lettres juste en dessous : LDS.

En rencontrant un membre, j'ai demandé : "Qu'est-ce que LDS ?"

"Les saints des derniers jours", a-t-il répondu.

Ne sachant pas trop ce que cela signifiait, j'ai décidé d'aller à l'intérieur où j'ai rencontré "Elder Eric", un jeune américain de 18 ans, vêtu d'un costume et d'un badge doré. J'étais tellement confus. Son titre était "Elder" et pourtant il était si jeune - beaucoup plus jeune que moi !

En discutant avec lui et d'autres personnes, j'ai immédiatement compris que quelque chose n'allait pas. Ils avaient "une forme de piété", mais pas de puissance, de zèle ou de compréhension du Christ de la Bible (2 Tim 3,5). Ils étaient spirituellement morts, et il était impossible d'établir un lien. En discutant avec eux, j'ai découvert qu'ils croyaient des choses radicalement différentes de moi. Ils n'aimaient pas du tout mon témoignage et ma confession de foi dans lesquels je déclarais que Jésus est le Fils unique de Dieu, la deuxième personne de la Trinité, et mon Sauveur. Leurs visages étaient rouges de colère avant que je n'aie fini.

Je me suis dit : "Qu'est-ce que j'ai dit de mal ?"

Peut-être que je n'avais pas parlé assez clairement, bien que j'étais confiant que la Parole de Dieu sur mes lèvres était vraie.

Quand je suis rentré chez moi, j'ai fait des recherches sur le LDS et j'ai réalisé qu'il s'agissait d'une secte avec un livre de fiction religieuse fait par l'homme - un début sinistrement similaire à l'Islam. La vérité biblique sur Jésus dont j'ai témoigné les avait offensés, et maintenant c'était le retour à la case départ.

Est-ce que je trouverai un jour une place au sein d'une véritable église de Dieu, je me demandais, où je serais reçu et aimé et capable de servir Jésus ? Trouverais-je un jour une "famille pour toujours" ?

TROP DANGEREUX POUR L'APPARTENANCE A UNE EGLISE

Pourtant, même après toute cette confusion, j'étais déterminé à poursuivre ma recherche, et j'ai donc demandé de l'aide à mes frères et sœurs en Christ. Un Néerlandais - avec qui j'étais en constante communion en ligne, et qui était venu me voir auparavant (pour s'assurer que j'étais une personne réelle) - a contacté une église "locale" en mon nom. Ils lui ont fait confiance et m'ont envoyé un courrier électronique pour me souhaiter la bienvenue dans leur communauté. Et voilà : une communauté "locale", mais pas très locale - je devais conduire treize heures dans chaque sens et traverser dans un autre pays.[13]

On m'a assuré que l'église ne se soucierait pas des conséquences de ma participation, et qu'ils étaient de vrais croyants et non un autre groupe du LDS. La déclaration de foi sur leur site web professait une croyance en Jésus comme Dieu. Mais je voulais être sûr avant de partir, alors j'ai prié jusqu'à ce que Dieu me donne cette assurance.

Treize heures de route dans l'endroit le plus sec, le plus désert et sans vie de la planète - voilà mon itinéraire. Les gardes du jeudi à l'hôpital se terminaient généralement à 17

---

[13] Pour être précis, il y a eu neuf heures et demie de conduite, une heure dans chaque sens avec des arrêts pour l'essence et la nourriture, et une heure et demie pour l'inspection à la frontière.

heures, après quoi je faisais mes bagages et conduisais pendant la nuit.

Lorsque j'arrivais, les croyants de la région me disaient : "Comment allez-vous ? Comment s'est passé le voyage ?"

Comme je venais de rouler entre le soleil couchant et le soleil levant, j'étais si fatigué que je n'arrivais qu'à dire : "Café ?"

J'ai maintenu cette routine pendant un certain temps. Cependant, au fil du temps, j'ai remarqué quelque chose d'étrange. Après avoir suivi les cours d'adhésion, un retard après l'autre m'a empêché d'être reçu comme membre. Dans le cadre du processus d'adhésion, il faut rencontrer les anciens. Lorsque j'ai reçu mon invitation et que j'ai rencontré deux d'entre eux, l'un a été tellement ému par mon témoignage en Christ qu'il a pleuré des larmes de joie, tandis que l'autre semblait se méfier de l'authenticité de ma foi, car j'avais été dirigé vers Jésus par un rêve.

Je suis parti ce jour-là en sachant que l'église allait bientôt voter pour mon adhésion. Lorsque le jour est finalement arrivé où les noms des candidats à l'adhésion ont été annoncés avant le vote, j'ai été choqué de voir que beaucoup de ceux qui venaient depuis un mois à peine avaient été rendus éligibles à l'adhésion alors que mon nom n'était même pas pris en considération. J'étais présent depuis si longtemps et j'avais servi de multiples façons, mais j'ai été jugé inapte à devenir membre. Perplexe, je suis parti à la recherche d'une réponse.

S'ils m'avaient dit dès le départ qu'ils n'acceptaient pas les ressortissants des États du Golfe comme membres, j'aurais compris. Au lieu de cela, ils ont semblé s'excuser et ont même dit qu'ils doutaient de ma foi, malgré le fait que j'avais parcouru cette grande distance chaque semaine juste pour adorer notre Seigneur avec eux et servir le Corps du Christ.

Le conseil des anciens avait pris la décision finale. On m'a refusé l'adhésion. Indépendamment de mon admission de foi en Jésus, de ma croyance dans le Credo des Apôtres et de la vérité fondamentale selon laquelle quiconque a vraiment confiance en Jésus est ma famille, ainsi que des innombrables réaffirmations de celle-ci, on m'a dit que la décision ne serait pas abrogée. Heureusement, l'authenticité de ma conversion ne dépend pas de mon appartenance à l'église.

Ce rejet n'a nullement atténué mon désir profond de devenir membre d'une église locale, car telle est la volonté de Dieu. Je n'ai aucune rancune envers ceux qui m'ont rejeté. Je leur pardonne et je sais que nous sommes tous faibles et faits de chair pécheresse. Et je dois dire que, malgré cette déception, les frères et sœurs avec lesquels j'ai servi m'ont aimé et m'ont aidé à grandir dans ma marche avec le Christ. Malheureusement, cependant, certains des dirigeants ont douté de ma foi et doutent encore de moi aujourd'hui. Mais ma foi est fondée sur Jésus-Christ, et non sur l'homme.

Je dis avec Paul : "Par la grâce de Dieu, je suis ce que je suis, et sa grâce envers moi n'a pas été vaine" (1 Cor 15,10, ESV). De même, "quant à moi, peu importe comment je pourrais être évalué par toi ou par une quelconque autorité humaine". Je ne fais même pas confiance à mon propre jugement sur ce point. Ma conscience est claire, mais cela ne prouve pas que j'ai raison. C'est le Seigneur lui-même qui m'examinera et qui décidera" (1 Cor 4,3-4). Les paroles de Paul, plus loin dans le même chapitre, me donnent également une grande assurance :

> Notre dévouement au Christ nous fait passer pour des imbéciles, mais vous prétendez être si sage en Christ ! Nous sommes faibles, mais vous êtes si puissant ! Vous êtes honorés, mais nous sommes ridiculisés. Même maintenant, nous avons faim et soif, et nous n'avons pas assez de vêtements pour nous tenir au chaud. Nous sommes souvent battus et nous n'avons pas de maison. Nous travaillons péniblement de nos propres mains pour gagner notre vie. Nous bénissons ceux qui nous maudissent. Nous sommes patients avec ceux qui nous maltraitent. Nous faisons appel à la gentillesse quand on dit du mal de nous. Pourtant, nous sommes traités comme les ordures du monde, comme les déchets de tout le monde, jusqu'à l'instant présent (1 Cor 4,10-13).

J'ai ensuite fréquenté d'autres églises, pour continuer à pratiquer le culte dans l'obéissance à l'Écriture. Aucune des églises "de surface" ne pouvait me recevoir en tant que membre et conserver leur capacité à se réunir publiquement. Chaque fois que je me rendais dans une église, j'entendais souvent des murmures de doute à mon sujet.

Ils disaient des choses comme : "Il n'est pas croyant. C'est la police secrète qui enquête sur ce que nous faisons."

Cela m'a brisé le cœur. J'étais là, un vrai croyant de la Mecque, mais je ne pouvais pas être accueilli comme membre d'un corps chrétien !

Église après église, c'était la même histoire : au moment où je disais que j'étais citoyen des États du Golfe, les gens devenaient très mal à l'aise. J'ai avalé la pilule amère selon laquelle il ne pouvait y avoir d'adhésion à aucune assemblée publique dans les États du Golfe. J'ai cherché à pratiquer mon culte dans une autre église des États du Golfe, mais j'ai délibérément refusé d'y adhérer ou de révéler mes origines pour ne pas causer de problèmes. Le seul désir de mon cœur était d'adorer le Seigneur et d'être responsable devant son peuple et ses bergers. J'ai donc persévéré, conduisant treize heures dans chaque sens pour adorer et servir avec le peuple de Dieu.

CONFERENCE DU WEEK-END AUX ÉTATS-UNIS

Très préoccupé par mes expériences dans les églises de la région du Golfe, j'ai décidé de contacter l'un des responsables aux États-Unis : Mark Dever, auquel certains des croyants de mon église des États du Golfe étaient liés. J'ai pris deux semaines de vacances et j'ai sauté dans un avion, à destination de l'Amérique. C'était la première fois que je venais dans le pays, et j'avais hâte de voir à quoi ressemblait le christianisme américain.

En atterrissant à l'aéroport JFK, j'ai pris un bus pour Washington D.C. où un frère chrétien américain de l'église des États du Golfe me présentait à Mark Dever. Au départ, j'avais l'intention de faire tout ce chemin pour me plaindre au pasteur Dever que mon église des États du Golfe m'avait mal traité, qu'elle doutait de ma foi et me rejetait. Je n'étais pas du tout inquiet pour moi, mais je devais dire quelque chose pour éviter que d'autres musulmans sauvés ne subissent un traitement similaire. J'ai appris à aimer et à respecter le pasteur Dever au fil des ans pour son ministère puissant, nommé par Dieu, et pour la nourriture spirituelle qu'il offrait dans ses sermons, et j'avais confiance qu'il m'écouterait.

Lorsque je suis arrivé à Washington, j'ai tout de suite pris contact avec mon cher frère en Christ, Andrew. Andrew, un Navy Seal de Louisiane à la retraite, et moi nous étions rencontrés dans une fraternité des États du Golfe lorsqu'il avait essayé de partager l'Évangile avec moi, pensant que j'étais un musulman désireux de connaître Jésus. Sa préoccupation sincère pour l'âme d'un parfait étranger m'a beaucoup marqué, et nous sommes restés de bons amis depuis lors. Lui et moi avons suivi ensemble des cours d'adhésion, et c'est lui qui, sans faute, était prêt à me servir un café après mes treize heures de route. Il a toujours été à mes côtés et a défendu ma foi - il est la définition d'un serviteur et d'un ami.

Nous sommes arrivés à l'église baptiste de Capitol Hill. Cela m'a rappelé la maison avec les piliers blancs en Nouvelle-Zélande où j'ai connu le Christ pour la première fois. Le bureau du pasteur Mark Dever se trouvait au bout d'un long escalier. Lorsque nous sommes entrés, nous l'avons trouvé assis derrière son bureau, écoutant un hymne chrétien et adorant le Seigneur.

Avec un sourire éclatant, il s'est levé de son bureau et m'a tendu la main en disant : "Tu es le frère d'un Saoudien !"

"Oui, je le suis."

"Que faites-vous à Washington ?"

"Je suis venu te voir."

Il avait l'air surpris et m'a invité à m'asseoir. Ce faisant, je lui ai expliqué pourquoi j'étais venu.

"La souffrance fait partie de la vie chrétienne", a-t-il dit lorsque j'ai terminé. "Cela montre votre foi authentique." Ses paroles et ses manières ont montré sa véritable empathie. "Seriez-vous prêt," a-t-il poursuivi, "à parler aux 150 pasteurs réunis ici ?"

J'ai été surpris ! Je ne m'attendais pas à cela, mais comment pouvais-je laisser passer l'occasion d'exalter Jésus devant 150 pasteurs ? J'ai accepté sans hésiter.

Le temps s'est accéléré et je me suis retrouvé derrière une chaire. Andrew s'est assis devant moi parmi les pasteurs - pas un pasteur lui-même, mais ayant un cœur de pasteur. En respirant profondément par les narines, je me suis ouvert les lèvres et mon témoignage et l'histoire de ma conversion se sont écoulés.

"Comment les perdus peuvent-ils croire au Christ s'ils ne l'entendent pas ?" J'ai demandé aux pasteurs. "Comment peuvent-ils entendre si personne n'est prêt à y aller ?" Et avec cela, j'ai lancé un défi : "Qui est prêt à aller partager l'Évangile en Arabie Saoudite ?"

J'ai eu la joie d'assister au culte à l'église Capitol Hill le lendemain. Ensuite, je suis retourné au bureau du pasteur Dever où il a prié pour moi et m'a fait ses derniers adieux. Je retournerais bientôt en Arabie Saoudite pour continuer à travailler pour le royaume de Jésus.

8 | PRECHER A 22.000

Prêcher la bonne nouvelle n'est pas une chose dont je peux me vanter. Je suis contraint par Dieu à le faire. Quelle horreur pour moi si je ne prêchais pas la Bonne Nouvelle !
1 CORINTHIENS 9,16

Mon stage a été un grand succès. Après mon court voyage en Amérique, j'ai commencé à travailler comme médecin-chef à part entière, avec mon propre bureau et ma propre secrétaire. J'étais désormais entièrement responsable de mes patients et je devais assumer une charge de travail plus importante, mais cela n'a pas empêché mes activités en dehors des heures de travail de rejoindre les personnes perdues et d'encourager les croyants persécutés. Dès que mon service médical a pris fin, le service ministériel extérieur a commencé. Un désir croissant a fleuri dans mon cœur d'obéir au commandement du Seigneur "Allez dans le monde entier et prêchez la Bonne Nouvelle à tous" (Mc 16,15), et j'avais envie de voyager hors de mon pays et de prêcher l'Evangile et l'amour du Christ à toutes les nations. Les seules questions étaient comment, quand et où ?

Ma première démarche a consisté à prendre un congé sans solde de quatre mois de mes fonctions médicales, pendant lequel j'allais recevoir une formation chrétienne et apprendre à évangéliser plus efficacement. Je n'avais jamais apporté la Parole en dehors de mon pays d'origine pour la partager avec les autres, mais j'étais motivée par les paroles d'avertissement de notre Seigneur : "Ce ne sont pas ceux qui me disent : 'Seigneur, Seigneur' qui entreront dans le royaume des cieux, mais ceux qui font la volonté de mon Père qui est dans les cieux" (Mt 7,21).

J'étais et je suis toujours prêt à faire tout ce que mon père me dit de faire et à aller partout où il me dit d'aller.

MON DESIR DE FORMATION AU SEMINAIRE

J'avais auparavant suivi des cours de Bible au Gulf Theological Seminary, mais ils ne donnaient des cours que deux jours par mois, ce qui ne suffisait pas pour faire de moi un bon évangéliste. J'ai eu l'honneur de recevoir l'enseignement d'un de leurs professeurs adjoints, le Dr Don Carson du Trinity Theological Seminary à Deerfield, dans l'Illinois.

J'ai contacté le Southern Baptist Theological Seminary (SBTS) aux États-Unis, mais j'avais besoin de recommandations de pasteurs et d'être membre d'une église pour répondre à leurs exigences. Bien que ces exigences soient bonnes et pieuses, il m'a été impossible de les satisfaire car je viens d'un endroit où les églises chrétiennes sont interdites. Contraint de chercher ailleurs, je me suis renseigné auprès de plusieurs autres séminaires, mais ils avaient tous les mêmes exigences et ne pouvaient faire aucune exception pour moi. Après une dernière série d'enquêtes, la porte de la formation au séminaire s'est effectivement fermée. Néanmoins, je n'étais pas du tout découragé car j'avais appris à faire confiance à la providence de mon Père céleste qui m'aime.

J'ai tourné mon regard vers le service dans les ministères d'évangélisation. Cependant, après avoir envoyé des courriers électroniques à plusieurs organisations, je me suis retrouvé détourné pour les mêmes raisons qu'avec les séminaires sur lesquels je me suis renseigné. Pire encore, j'ai été accueilli avec suspicion et une manque d'amour car ils semblaient incapables de croire qu'un Saoudien voudrait connaître le Christ et partager l'Evangile.

Après une recherche apparemment sans espoir, j'ai enfin été connecté à une opération en Pennsylvanie appelée Jeunesse en Mission (JEM) et j'ai fini par rejoindre l'une de leurs grandes coalitions en Californie. De nombreuses personnes de JEM ont des points de vue théologiques différents, mais elles ont une chose en commun : elles aiment Jésus et veulent répandre son Évangile à tous les peuples. Ensemble, notre passion était d'obéir au dernier commandement de Jésus, donné avant qu'il ne monte au ciel : partager la Bonne Nouvelle d'un bout à l'autre de la terre (Mt 28,18-20). Quel bonheur de voir les différentes parties du Corps du Christ se rassembler pour le servir (1 Cor 12) !

DES PORTES OUVERTES PARTOUT

Ma première expérience de ministère avec JEM a eu lieu dans une école biblique de vacances en Pennsylvanie. Le samedi, nous enseignions la Bible aux enfants, et le reste de la semaine, nous partagions l'Evangile dans les parcs, les écoles, les universités, les rues - un peu partout. Nous avons voyagé à travers le pays pour participer à des campagnes d'évangélisation et pour élever le nom de Jésus, en apportant la Parole dans le Maryland, la Virginie, l'Indiana, le Kentucky, l'Arizona, le Montana et bien d'autres endroits.

Je n'oublierai jamais ma première expérience d'évangélisation avec JEM. Bien que j'aie parlé de Jésus avec des gens du monde entier par le biais de chats vidéo d'évangélisation, j'étais complètement novice en matière de face-à-face. Souvenez-vous, si vous faites cela là d'où je viens, vous vous faites couper la tête. Nous avons été envoyés deux par deux (Mc 6,7), et comme j'étais un novice de l'évangélisation en plein air dans un pays étranger, mon cœur battait la chamade. Malgré ma peur, j'étais cependant déterminé à obéir au commandement de mon Seigneur.

Au début, je me suis accroché et j'ai laissé mon partenaire frapper aux portes et faire toute la conversation. J'ai pensé que parce qu'il était américain, les gens le recevraient plus favorablement qu'un étranger. À ma grande surprise, cependant, j'entendais constamment "Non merci" et la porte claquait encore et encore. Cela me rappelait les portes claquées des églises saoudiennes, même si certaines de ces personnes étaient encore moins polies !

En demandant du courage au Seigneur, j'ai réalisé que mon partenaire accomplissait un proverbe du Sauveur : "Jésus lui-même avait attesté qu'un prophète n'a pas d'honneur dans sa propre ville" (Jn 4,44). À ce moment, le Seigneur m'a donné un grand courage, et rempli maintenant d'un zèle pieux, j'ai valsé en avant et j'ai frappé à la porte d'à côté.

Que se passerait-il ?

J'entendais des bruits de pas qui s'approchaient. J'avais l'habitude de claquer les portes, même si je ne m'y étais pas attaché à chaque fois.

Lentement, la porte s'est ouverte.

"Je suis ici pour partager l'amour de Jésus-Christ avec vous", murmurai-je avec mon accent saoudien.

"D'où venez-vous ?"

"Arabie Saoudite", lui répondis-je.

"Le pays du pétrole ! Mais, attendez, vous n'êtes pas musulman ?" demandèrent-ils, très surpris. "Je croyais que tous les Saoudiens étaient musulmans !"

"Je ne suis pas musulman. Je suis un disciple de Jésus Christ, et Dieu m'a envoyé de la Mecque, en Arabie Saoudite, pour vous parler de l'amour de Jésus".

Désireux d'en savoir plus, la personne m'a invité à entrer et j'ai partagé avec elle la façon dont Jésus m'avait sauvé. J'ai témoigné de son amour et de sa grâce aux pécheurs et les ai avertis de se repentir maintenant et de ne pas se détourner de l'amour du Christ.

Maison après maison, les portes se sont ouvertes pour moi - pas une ne m'a été claquée au nez. Il m'avait fallu 8 000 miles pour trouver une porte ouverte de bienvenue, et ici j'ai été accueilli par des incroyants attirés par le salut.

Ma dernière mission avec JEM a été une grande campagne de plusieurs semaines pour frapper à 22 000 portes en Californie. J'ai servi avec une grande joie et j'ai vu beaucoup de fruits. Les gens ont écouté, ils sont venus au Christ, et nous avons même organisé un baptême au cours duquel quarante personnes ont publiquement confessé leur foi en Christ.

HARCELEMENT SATANIQUE

J'étais si heureux de faire enfin ce que Dieu m'avait appelé à faire. Il a fait de moi un évangéliste ! Quand je parle de l'amour du Christ aux perdus, je me sens si vivant, élevé par l'Esprit de Dieu. Je suis assuré que j'accomplis mon but sur cette terre. Mais notre ennemi commun a une grande puissance sur cette terre. "Restez en alerte ! Faites attention à votre grand ennemi, le diable. Il rôde comme un lion rugissant, cherchant quelqu'un à dévorer" (1 P 5,8).

Le même harcèlement satanique que j'ai subi dans les États du Golfe m'a suivi aux États-Unis. Bien que des incroyants m'aient accueilli pour partager l'Évangile du Christ avec eux, certains chrétiens doutaient encore de ma foi.

Un matin, avant le début de la sensibilisation ce jour-là, j'ai rencontré un dirigeant de JEM qui voulait entendre mon témoignage. Pour des raisons de confidentialité, il sera appelé Thomas.

"Raconte-moi ton témoignage de salut", a dit Thomas.

Je lui ai parlé de ma vie avant le Christ, d'un temps passé dans les ténèbres profondes sans aucune connaissance du véritable Sauveur.

"Je ne cherchais pas le Christ", ai-je dit. "Comment aurais-je pu ? Les bibles et les églises sont interdites dans mon pays d'origine. Mais Jésus me cherchait, moi, une brebis perdue."

J'ai ensuite raconté à Thomas comment Jésus m'était apparu en rêve, et j'ai confessé avec joie que Jésus m'avait ouvert les yeux à son amour et avait changé ma vie.

Soudain, Thomas s'est levé de son siège et est sorti de la pièce.

"Qu'ai-je dit pour l'offenser ?" Je me suis demandé, surpris et choqué. "Peut-être qu'il ne comprend pas mon accent saoudien. Peut-être qu'il reviendra."

Mais il ne l'a pas fait. Il est juste parti. Je me suis donc rendu à l'action de proximité et j'ai joyeusement partagé l'amour du Christ avec des centaines de personnes, en marchant des kilomètres sous le soleil brûlant, en frappant à toutes les portes et en parlant avec toutes les personnes perdues en plein air.

Plus tard dans la journée, j'ai reçu un appel de Douglas, mon frère en Christ et leader de la JEM de Pennsylvanie.

"Qu'avez-vous fait ?" a-t-il demandé.

"Que voulez-vous dire ?" J'ai répondu, stupéfait. "Je me promène, je frappe aux portes, j'amène les gens à Jésus, et je les baptise au nom du Père, du Fils et du Saint-Esprit."

"Thomas vient de m'appeler", dit-il. "Il vous demande si vous êtes un croyant légitime en Christ."

Ces mots m'ont tellement découragé et misérable que je n'ai pas pu y répondre, les mots se sont étouffés dans ma bouche. Que faudrait-il de plus pour que les hommes aient confiance en ma foi ? Mes actes ne sont-ils pas assez bruyants ? J'avais quitté mon beau bureau climatisé dans un hôpital saoudien pour transpirer sous un soleil brûlant, avec un sac à dos plein de Bibles qui me creusait les épaules, soignant les articulations meurtries par les coups portés aux portes d'étrangers toute la journée - je n'avais même pas ma voiture ! Ceux qui avaient été perdus me croyaient ; ils voyaient que je n'avais pas d'autre motif que le Christ ; et ils voulaient suivre mon Sauveur. Ils pouvaient le voir - pourquoi pas les chrétiens ?

J'ai dû accepter le fait que certaines personnes persisteraient dans leurs doutes à mon sujet. La Bible nous le dit : "Il n'y a plus ni Juif ni Gentil, ni esclave ni libre, ni homme ni femme. Car vous êtes tous un en Jésus-Christ. Et maintenant que vous appartenez au Christ, vous êtes les vrais enfants d'Abraham. Vous êtes ses héritiers, et la promesse de Dieu à Abraham vous appartient" (Gal 3,28-29). Je me réjouis de cela, mais puis-je ajouter une extrapolation à ce verset ? Il n'y a ni Saoudien ni Américain, mais si vous connaissez le Christ, nous faisons tous partie de la même famille et de la même culture : la culture de Jésus ! En vérité, le "mur de séparation de l'hostilité" a été abattu (Eph 2,14) !

De nombreuses années plus tard, Thomas me tendait la main et s'excusait. Il a également demandé un visa pour la Mecque, et j'ai été heureux de l'aider à partager l'Évangile de Jésus là-bas et dans les régions environnantes.

Dieu a travaillé puissamment cet été-là. Je suis entré sans savoir à quoi m'attendre, et le Seigneur m'a donné de l'audace et beaucoup de fruits. Tant de portes se sont ouvertes, et j'ai joui d'une grande liberté pour parler aux gens de tant de nations et d'ethnies du vrai Dieu qui s'est fait homme pour nous sauver tous. Dieu a converti de nombreuses âmes perdues, et je suis encore en contact avec beaucoup d'entre elles à ce jour. Chaque fois que je visite la Californie, ces précieux croyants m'ouvrent encore leurs portes et font preuve d'une véritable hospitalité, comme ils l'ont fait récemment, en me logeant et en me nourrissant et en me recevant comme membre de la famille éternelle de Dieu.

UN FESTIVAL INDIEN

Pendant mon séjour en Californie, notre équipe a eu l'occasion d'évangéliser lors d'un festival de la fête nationale indienne de l'indépendance. À mon arrivée, j'ai remarqué que des prêtres hindous distribuaient leurs livres saints. Attiré vers eux, j'ai échangé des Bibles contre leurs livres et j'ai partagé l'Évangile avec eux. C'était vraiment incroyable et je me suis réjoui de les voir lire les Écritures, certains pour la toute première fois. C'est alors que j'ai repéré un homme distingué portant un t-shirt avec des lettres arabes. Sûr que j'étais le seul présent qui pouvait parler et lire l'arabe, je me suis approché de l'homme.

J'ai dit : "Excusez-moi, monsieur". Votre t-shirt dit "paix" en arabe. Mais", ai-je poursuivi, "c'est un festival indien - ne devriez-vous pas porter quelque chose avec une écriture hindi ?"

Il m'a regardé de travers et m'a demandé très franchement : "Qui êtes-vous ?"

En offrant mon nom, j'ai ajouté : "Je suis un médecin d'Arabie Saoudite, et j'ai pris un congé sans solde pour venir ici et partager l'amour de Jésus avec tous".

Ses yeux se sont élargis et il m'a regardé avec incrédulité.

"Tu es un menteur", grogna-t-il, puis il s'éloigna.

Je ne pouvais pas le blâmer. Combien de fois rencontre-t-on un chrétien évangéliste d'Arabie Saoudite ? Je me grattais quand même la tête en me demandant : "Il ne me connaît même pas, et pourtant il est sûr que je ne dis pas la vérité".

Malgré cette étrange conversation, j'ai continué à partager l'Evangile et j'ai même vu certaines personnes donner leur vie au Christ.

Alors que la journée touchait à sa fin, un autre homme s'est approché de moi et m'a posé la même question. "Qui êtes-vous", me dit-il, "et d'où venez-vous ?" J'hésitais de plus en plus à répondre à cette seconde question, mais il a ajouté : "Parleriez-vous demain à mon église ?"

L'homme au t-shirt arabe lui avait parlé de notre conversation, et depuis, cet homme s'était mis à me regarder témoigner aux gens et prier avec eux au nom de Jésus. Bien que je ne m'attendais pas du tout à ce que cela se produise, j'ai accepté de tout cœur.

Je suis retourné dans ma demeure temporaire : une arrière-salle exiguë d'un bâtiment de l'église que je partageais avec tout le groupe. J'y ai dormi avec des papillons dans l'estomac, tellement j'étais excitée par cette opportunité à venir. Et quand le matin est enfin arrivé, j'ai valsé avec les autres hommes jusqu'au tuyau d'arrosage à l'arrière, comme nous le faisions chaque matin pour nous nettoyer à l'air libre avec de l'eau glacée. Mais ce jour-là, j'ai à peine senti le froid. Bien sûr, ce n'était pas une situation de vie idéale, et je ne savais pas à quoi m'attendre ce jour-là ou le suivant ; mais j'étais prêt à faire n'importe quoi pour l'amour de l'Évangile. "Je suis devenu toute chose pour tous les gens, afin de pouvoir en sauver quelques-uns par tous les moyens. Je fais tout à cause de l'Évangile, afin de partager avec eux ses bienfaits" (1 Cor 9,22-23).

L'homme est venu me chercher le dimanche matin, et je me suis tenu devant sa congrégation pour partager mon témoignage sur le salut du Christ. J'ai été reçu par le peuple de Dieu avec une grande joie, et à ma grande surprise, le responsable du culte était le même homme qui avait porté le t-shirt arabe !

Après le service religieux, il s'est précipité à mes côtés et a dit : "Je suis tellement désolé d'avoir douté de votre foi et de vous avoir traité de menteur. Me pardonneras-tu ?"

"Bien sûr", répondis-je avec empressement. "Tu es mon frère dans le Christ, et je t'aime."

"Je n'aurais jamais pu imaginer qu'un intellectuel saoudien en viendrait à connaître Jésus", a-t-il ajouté. "Je suis également médecin et professeur de recherche à la faculté de médecine de l'université de Stanford. J'ai rencontré tant de médecins et d'intellectuels saoudiens, et ils sont si résistants. Je pensais que c'était impossible".

J'ai souri et j'ai dit : "Ce qui est impossible avec les hommes est possible avec Dieu" (Lc 18,27).

Chaque fois que je parle dans les églises, je demande toujours si quelqu'un aimerait se rendre en Arabie Saoudite et s'associer à moi pour partager l'Evangile.

La plupart déclarent : "Vous devez être fou !"

Coupable ! Et puis, comme Paul, je dis : "S'il semble que nous soyons fous, c'est pour apporter la gloire à Dieu" (2 Cor 5,13).

Etre ambassadeur du Christ dans ce monde rebelle est certainement considéré comme une folie pour ceux qui ont grandi dans la sécurité en cette ère du mal. Dans cette église particulière, cependant, la réaction a été très différente - elle a été carrément enthousiaste ! J'ai rencontré des gens qui étaient tout aussi fous de Jésus que moi ! Certains se sont même levés en entendant ma question et ont crié : "Oui ! nous voulons voir un réveil en Arabie Saoudite ! Nous irons !"

Et ils y sont allés. Toute une équipe s'est inscrite ce jour-là et a demandé des visas pour la Mecque ! Ils se sont en fait rendus en Arabie Saoudite et ont témoigné aux musulmans sur Jésus.

Vous pouvez demander : "Comment est-ce possible ? Bien qu'il soit difficile d'obtenir des visas pour l'Arabie Saoudite, je répète que "ce qui est impossible avec l'homme est possible avec Dieu" (Lc 18,27).

Tout comme Paul a la citoyenneté romaine, un Américain en visite en Arabie Saoudite bénéficie des privilèges accordés à peu d'autres nations. Une fois tous les obstacles franchis, les Américains obtiennent un visa de cinq ans, tandis que la plupart des autres voyageurs se voient accorder un maximum de deux ans.

Vous vous demandez peut-être : "Comment un Américain peut-il évangéliser en Arabie Saoudite ?"

Selon la charia en vigueur au Royaume d'Arabie Saoudite, il est approprié de demander à un étranger : "Quelle est votre foi ?" Et il est parfaitement approprié de répondre à cette question d'une manière qui partage l'amour de Jésus. Étonnamment, rien de tout cela ne constitue une violation de la loi musulmane de la charia. Une question sincère peut recevoir une réponse honnête et sans pénalité, même si elle concerne la foi religieuse. De cette manière, j'ai encouragé et aidé de nombreuses équipes d'évangélisation américaines, qui ont à leur tour réussi à partager l'Évangile avec des centaines de musulmans perdus et à planter dans leur cœur la graine de l'amour de Jésus.

Vous pouvez imaginer ma joie lorsque je suis retourné en Arabie Saoudite et que j'ai vu mes amis américains à la Mecque, partageant la bonne nouvelle avec les gens dans les cafés, les universités, les parcs, la place de la ville, et dans tous les autres endroits où l'on peut trouver une personne. Partout où il y avait une oreille pour entendre, ils partageaient Jésus-Christ. Un tel effort n'a pas été vu en Arabie Saoudite depuis mille ans !

Pendant cette période, mes amis américains m'ont rendu visite et ils ont vu les blessures fraîches d'une récente tentative d'assassinat, dont je parlerai dans le prochain chapitre. Ces blessures témoignent du fait que je porte dans mon corps les marques du Seigneur Jésus (Gal 6,17).

En les voyant, un de mes amis m'a pris à part et m'a demandé : "Ahmed, pourquoi ne quittes-tu pas l'Arabie Saoudite et ne cherches-tu pas asile aux Etats-Unis ?"

"Je dois rester en Arabie Saoudite aussi longtemps que possible", ai-je répondu, "pour partager l'Evangile et prier pour mon propre peuple, car ils n'ont pas d'autres moyens d'entendre parler de l'amour et de la vie éternelle de Jésus à travers lui. Si je ne vais pas vers mon propre peuple, qui le fera ?"

L'ambition de Paul a toujours été de partager l'Evangile là où il n'avait jamais été prêché (Rom 15,20-21). J'avais déjà demandé l'asile dans le Royaume de Dieu. Mon passeport est taché par le sang de Jésus. Je suis un citoyen du ciel (Phil 3,20) !

"Ce monde n'est pas ma maison", ai-je dit à mon ami. "Dieu m'a fait une porte, tout comme Jésus est notre porte vers le cœur du Père (Jn 10,9), et il m'utilise pour ouvrir la voie par des visas par lesquels le troupeau du Christ peut aller partager l'Evangile dans des endroits comme l'Arabie Saoudite."

Bien que j'aie été enhardi par le Christ, je n'avais aucune idée de la souffrance qui m'attendait à mon retour chez moi. Cette expérience m'a rappelé les paroles de notre Seigneur à l'apôtre Paul : "Je lui montrerai combien il doit souffrir pour mon nom" (Act 9,16).

9 | LAISSE POUR MORT

Je suis la résurrection et la vie. Quiconque croit en moi vivra, même après sa mort. Quiconque vit en moi et croit en moi ne mourra jamais.
JEAN 11,25-26

Lorsque je suis retourné dans les États du Golfe, j'étais impatient de m'impliquer à nouveau dans l'Église. Désireux d'être en communion avec les croyants en Christ, j'ai conduit de l'Arabie Saoudite à Dubaï dans mon luxueux SUV de neuf places, en pensant à la joie que j'avais éprouvée aux États-Unis et en me réjouissant à l'idée de pratiquer mon culte dans une église multinationale. Dès mon arrivée, ma coupe débordait. Quelle joie de voir mes frères et sœurs en Christ et d'entendre la Parole du Seigneur prêchée avec autorité ! Le temps du culte est allé beaucoup trop vite.

Après une charmante rencontre, j'ai décidé de rentrer directement chez moi en Arabie Saoudite, en quittant l'église pour l'autoroute principale, tout en me préparant mentalement à un nouveau voyage de treize heures. Ce serait un voyage plus difficile que d'habitude car je n'avais pas dormi depuis le dernier voyage la veille !

LE VISAGE DANS LA POUSSIERE

J'ai quitté la ville, l'esprit occupé par des pensées agréables du Seigneur, quand soudain elles ont été violemment interrompues. Tout s'est passé si vite. Un instant, je conduisais, et l'instant d'après, les quatre portes de mon SUV avaient été ouvertes, et une mer de mains est arrivée, me prenant sauvagement par les revers et me jetant à terre avec le visage enfoncé dans la terre. C'était la police.

Après m'avoir enchaîné les pieds et menotté, ils m'ont emmené au Département central des enquêtes criminelles (CID) et m'ont placé dans une petite pièce où ils ont pris mes empreintes digitales, mes empreintes de pieds et une photo de mon visage. Personne ne m'avait encore expliqué mon infraction. J'étais en état de choc.

Un officier m'a demandé : "Pourquoi venez-vous presque tous les week-ends à Dubaï ?"

En essayant d'être honnête, mais sage, j'ai répondu : "Je traîne avec mes nombreux amis. J'achète aussi des marchandises à Dubaï".

L'agent avait un long dossier couvrant plusieurs années, documentant mes entrées et sorties à destination et en provenance de Dubaï.

"Nous avons des caméras partout", sifflait-il. "Nous savons ce que vous faites."

"Alors, vous savez que je suis allé dans une église chrétienne ?" J'ai demandé.

"Oui", il a craqué. "Et ce n'est pas autorisé à Dubaï parce que vous êtes un citoyen saoudien, et en tant que tel, vous êtes traité comme un citoyen de Dubaï. La constitution criminalise toute personne qui ne croit pas en l'Islam. Je ne pense pas avoir besoin de vous rappeler que la peine aux EAU (Émirats arabes unis) est la mort par injection létale."

La réalité de la situation m'a frappé comme un train de marchandises. J'étais complètement à la merci de mes persécuteurs.

ÉCHAPPER A LA MORT

Tout au long de mon interrogatoire, j'ai pu sentir l'odeur de la mort qui se cachait derrière mon épaule. J'ai rapidement été escorté dans une cellule pour être à nouveau emprisonné au nom de mon Seigneur. Peut-être que maintenant, pensais-je, je rencontrerais Jésus.

Alors que j'étais assis dans ma cage, je me demandais si mes amis chrétiens de Dubaï me rendraient visite en prison. Savaient-ils au moins que j'avais été arrêté ? La Bible dit : "Continuez à vous souvenir de ceux qui sont en prison comme si vous étiez avec eux en prison, et de ceux qui sont maltraités comme si vous étiez vous-mêmes dans la souffrance" (Heb 3,3). Comme j'avais envie de voir et de toucher les mains de mes frères et sœurs avec lesquels je venais d'adorer, mais personne n'est venu. Personne n'avait la moindre idée que j'avais été incarcéré.

Les agents de renseignement ont dû découvrir mon identité et apprendre que j'avais des amis dans différentes parties du monde libre. Sans risquer des protestations sur différents continents, ils ne pouvaient pas m'arrêter. Ils sont donc venus dans ma cellule et m'ont dit : "Nous allons passer un accord avec vous. Ne revenez pas à Dubaï, et nous allons désamorcer la situation."

"OK", ai-je répondu, plutôt déconcerté. J'ai alors demandé ce que cette offre inattendue impliquait d'autre.

"Marquez ce document avec vos empreintes digitales", ont-ils dit. "Il indique que vous n'assisterez à aucune réunion suspecte."

Ne considérant pas la réunion avec mes frères et soeurs en Christ comme une "réunion suspecte", je l'ai marquée comme il se doit. Mais quand j'ai demandé une copie, ils ont refusé. Alors dès qu'ils m'ont rendu mon téléphone, j'ai rapidement et secrètement pris des photos de mes interrogateurs et de tous les documents qui étaient encore en vue pour prouver au monde que Dubaï est libre pour tout le monde, sauf ses propres citoyens.

Dès ma libération, je suis allé immédiatement voir mon ami néerlandais et frère en Christ vivant à Dubaï. La police secrète m'a suivi et a gardé un œil sur moi tout le long du trajet, ce que mon ami a observé. Je suis ensuite rentré chez moi en Arabie Saoudite et j'ai appelé un des anciens de l'église de Dubaï pour lui dire que j'avais été arrêté.

Il a répondu avec incrédulité : "Vous ne venez donc plus à Dubaï pour le culte ?"

"Bien sûr que je reviens à Dubaï !" Je lui ai répondu. "Pensez-vous qu'un morceau de papier m'empêchera d'adorer Jésus ? Même la menace de mort ne m'arrêtera pas. Je suis immortel jusqu'à ce que Dieu en ait fini avec moi !"

"Quand vous arriverez," a-t-il dit, "nous dissimulerons votre présence et votre identité et vous ferons passer par une entrée secrète."

Il ne m'était pas venu à l'esprit que notre conversation aurait pu être exploitée par le gouvernement.

C'était le cas.

UN ESSAI SUR MA VIE

La semaine suivante, j'ai sauté dans ma voiture et je me suis rendu à Dubaï pour prier avec mes compagnons chrétiens. Quelques kilomètres avant la frontière avec les Émirats arabes unis, j'ai vu un camion-citerne garé au milieu de la route, les phares éteints. Avec le recul, j'ai l'impression qu'il a très certainement été placé là par la police secrète. Bien que je n'en ai aucun souvenir, on me dit que j'ai heurté le camion-citerne à pleine vitesse.

Miraculeusement, bien que mon 4x4 ait été écrasé en morceaux comme une boîte de conserve fragile, je suis sorti de mon véhicule avec seulement quelques lacérations de la peau - pas d'os cassés. Les paroles du roi David me réconfortent : "Le juste est confronté à de nombreux problèmes, mais le Seigneur vient à chaque fois à son secours. Car l'Éternel protège les os des justes ; aucun d'eux n'est brisé" (Ps 34,19-20).

Les coupures sur mon visage, cependant, étaient assez graves. On m'a dit que j'avais sectionné une artère et que je saignais tellement que je n'aurais peut-être pas réagi à la réanimation cardio-respiratoire si les ambulanciers qui m'avaient trouvé étaient arrivés quelques minutes plus tard qu'eux. Plusieurs unités de sang ont dû être administrées pour me sauver la vie ; et, en fait, le rapport médical indique que j'ai fait un arrêt cardiaque.

Mon cœur s'était arrêté, mais ma tâche sur cette terre n'était pas encore terminée. "Cependant, je considère que ma vie ne vaut rien pour moi ; mon seul but est de finir la course et d'achever la tâche que le Seigneur Jésus m'a confiée : la tâche de témoigner de la bonne nouvelle de la grâce de Dieu" (Act 20,24, NIV).

Mon SUV après "l'accident"

RESURRECTION !

Je suis arrivé à l'hôpital dans un coma, dans lequel je suis resté deux semaines. Quand j'ai enfin ouvert les yeux, je n'ai vu qu'une jungle de tubes et de machines reliés à mon corps. C'était moi qui avais autrefois branché ces machines et ces tubes à mes patients gravement blessés ; maintenant, c'était moi le patient.

"Que m'est-il arrivé ?" Je me suis demandé. "Pourquoi suis-je ici, dans ce lit d'hôpital ? Je suis censé être à l'église, à louer et à adorer mon Sauveur ! Et pourtant me voilà, à moitié mort."

L'infirmière, constatant que j'avais ouvert les yeux, s'est empressée d'informer les médecins ; ceux-ci se sont précipités à mon chevet et ont dit avec surprise et joie : "Bienvenue à la vie !"

Je leur ai dit que j'étais médecin et leur ai demandé ce qui m'était arrivé. Après m'avoir renseigné, j'ai demandé à lire mon dossier médical. J'avais des centaines de points de suture sur le visage, mais je n'étais pas mort - j'étais vivant et heureux de l'être. Plus que cela, je porte maintenant des marques sur mon visage qui montrent que j'appartiens à Jésus.

Ceux qui haïssent le Christ ont essayé de me tuer, et je souffrirai volontiers pour lui. "Désormais, que personne ne me trouble, car je porte sur mon corps les marques de Jésus" (Gal 6,17). Si quelqu'un doute encore de moi, qu'il regarde mon visage. Voyez ces marques ! La seule raison pour laquelle elles sont là, c'est que j'appartiens à Jésus. Louez son précieux et saint nom !

Pendant que j'étais dans le coma, j'ai vécu une communion céleste avec le Seigneur, mais je me sens condamné par le Saint-Esprit à ne pas en dire beaucoup. Paul a vécu une expérience similaire et a témoigné : "J'ai été enlevé au paradis et j'ai entendu des choses si étonnantes qu'elles ne peuvent être exprimées en paroles, des choses qu'aucun humain n'a le droit de dire" (2 Cor 12,1-4). Mais je peux témoigner de ceci : il y a une douceur étonnante dans la présence du Seigneur, au-delà de tout ce que j'ai goûté sur cette terre - une douceur que vous souhaitez éternelle. En effet, je souhaite que cette expérience n'ait jamais pris fin.

Le Seigneur a été miséricordieux et a utilisé mon séjour à l'hôpital pour me permettre de faire l'expérience de son amour et me préparer à un niveau de souffrance plus profond qui allait entrer dans ma vie.

10 | RADIATION DE LA MEDECINE

Je pensais autrefois que ces choses avaient de la valeur, mais maintenant je les considère comme sans valeur à cause de ce que le Christ a fait. Oui, tout le reste est sans valeur par rapport à la valeur infinie de la connaissance du Christ Jésus mon Seigneur. C'est pour lui que j'ai jeté tout le reste, en le considérant comme un déchet, afin de gagner le Christ et de devenir un avec lui. Je ne compte plus sur ma propre justice en obéissant à la loi, mais je deviens juste par la foi en Christ. Pour la façon dont Dieu nous a donné raison lui-même dépend de la foi.
PHILIPPIENS 3,7-9

Des semaines après l'attentat, j'ai été libéré et je suis allé au poste de police pour récupérer mon véhicule. Pensant que j'étais arrivé pour voler des pièces de rechange, un policier a crié : "Hé ! Que faites-vous là ?"

"Excusez-moi, monsieur l'agent", ai-je dit, calmement. "C'est ma voiture."

Il m'a regardé. Il a regardé mon 4x4 froissé, plié et tordu là dans le parking. Puis il m'a regardé avec un étonnement total dans les yeux.

"Quoi ?" marmonna-t-il. "C'est à toi ? Tu es vivant ? Comment as-tu pu survivre à un tel accident ?"

Je voulais lui dire que je ne pensais pas que la cause de ce qu'il avait vu avant lui était un accident - mais c'était une histoire pour un autre jour. Le SUV était méconnaissable. Il ne ressemblait pas à une automobile, mais plutôt à un tas de métal emmêlé. Du sang séché recouvrait l'intérieur, comme si un seau de peinture rouge avait été jeté dessus. Même moi, je pouvais à peine croire que c'était mon propre sang.

UNE MOMIE EN BLOUSE DE LABORATOIRE

Après quelques semaines aux soins intensifs, j'ai reçu mon congé et j'ai repris mon travail à l'hôpital. Lorsque mes collègues médecins m'ont vu, ils ont réagi comme l'avait fait le policier ; certains avaient l'air convaincus de voir un fantôme. Ce jour-là, j'ai été appelé à rencontrer le chef de mon service. Je suis arrivé dans son bureau, le visage couvert de rouleaux de bandages, ressemblant beaucoup à une momie en blouse de laboratoire !

"Que vous est-il arrivé ?" demanda-t-il, les yeux aussi grands que des boules de billard.

"J'ai eu un terrible accident de voiture."

"Quel genre d'accident pourrait faire cela ?"

En sortant mon téléphone, je lui ai montré les photos de mon véhicule. Ce qui avait été à un moment donné un SUV de luxe était maintenant un tas de métal tordu.

Encore une fois, comme l'avait fait le policier, il m'a regardé, puis la voiture, puis encore moi, avant de marmonner : "Vous n'avez pas de problèmes de cerveau ou de respiration, n'est-ce pas ? Vous n'avez pas de problème d'élocution ?"

Nous, médecins, voyons tant de tragédies, et j'ai été témoin de conséquences exceptionnellement horribles d'accidents de voiture. Même si une victime survit, elle est le plus souvent paralysée ou piégée dans un état végétatif pour le reste de sa vie.

Mes pairs me disaient que j'avais été incroyablement chanceux.

Je crois que c'est le contraire.

NE DE NOUVEAU !

"Dieu vous a donné une nouvelle vie !" s'est écrié mon supérieur, en parlant arabe. "C'est comme si vous étiez né de nouveau, recréé par Dieu !"

Ce sont les mots spécifiques qu'il avait utilisés - combien il était choquant, je pense, d'entendre un musulman pieux dire de telles choses, car ces mots ne figurent ni dans le Coran, ni dans la théologie ou la culture musulmane. Comment se peut-il qu'un musulman puisse voir que je suis né de nouveau, mais que mes amis chrétiens doutent de mon salut ? Cet homme ne pourrait dire ces mots que si Jésus avait mis ces marques visibles sur mon corps ! Et c'est mon plus grand honneur de porter ces cicatrices pour lui !

Je n'ai pas pu m'empêcher de témoigner pour Jésus.

"Je sais qui m'a protégé." J'ai commencé : "C'était le vrai Dieu. J'étais en route pour adorer le vrai Messie, Isa, quand c'est arrivé."

La bonne nouvelle s'est déversée de moi comme l'eau d'une fontaine.

"Aucune quantité de bonnes œuvres ne peut acheter ou acheter quoi que ce soit au paradis ou défaire notre péché. Dieu est saint", ai-je expliqué, "et ce qui est souillé ne peut y entrer. Nos péchés doivent être couverts par Celui qui est saint. Isa est le Verbe", dis-je, en choisissant mes mots avec soin pour qu'il comprenne, "et il ne fait qu'un avec Dieu. Isa est mort pour les pécheurs afin que nous puissions être pardonnés et avoir la vie éternelle !"

FACE AUX LIONS

Après des moments de silence étonné passés à me fixer, mon supérieur s'est levé et m'a demandé de quitter sa présence. Il n'a pas apprécié que je lui annonce la bonne nouvelle de Jésus et m'a dénoncé à la hâte aux autorités médicales. J'ai immédiatement reçu un appel téléphonique de la secrétaire du directeur général m'informant que mon poste à l'hôpital avait été suspendu. Plus tard, je serais appelé devant le comité de révision de la plus haute autorité médicale du Royaume d'Arabie Saoudite.

Après de nombreuses séances d'enquête minutieuses s'étendant sur plusieurs mois, ils ont insisté sur le fait que l'accident de voiture avait altéré mon cerveau et causé de graves dommages psychologiques. Ils ont proposé de m'envoyer dans un centre psychiatrique pour y être soigné, mais je leur ai dit : "Mon esprit est parfaitement sain. J'ai fait part à mon supérieur de ma véritable foi en Jésus-Christ. Je n'ai pas honte de mon Seigneur et Sauveur".

Ils se sont regardés d'un air interrogateur, se demandant comment ils pourraient préserver au mieux ma carrière et mon gagne-pain. Leurs motivations étaient bonnes.

Finalement, ils ont dit : "Comprenez-vous que cela vous coûtera toute votre carrière ? Vous enfreignez le code de déontologie des professionnels de la santé du Royaume d'Arabie saoudite. Aucun musulman ne peut devenir chrétien. Telle est l'apostasie. C'est contraire à la loi de la Charia".

J'avais embrassé la mort et je suis revenu à la vie. Ils ne savaient pas que j'avais envie de partir et d'être avec mon Sauveur. La mort me semblait douce par rapport à cette vie douloureuse ; ainsi, ma carrière signifiait moins que rien.

Ma réponse était donc simple : "Oui, je maintiens fermement chaque mot que j'ai dit. Je sais ce qui va se passer, mais je dois vous dire la vérité et être honnête. Je dois garder mon intégrité devant le Seigneur (Ps 15,1-2)."

Les menaces financières et professionnelles n'ayant pas prévalu, ils m'ont supplié de prendre en considération ma future femme et mes enfants.

À ce moment-là, j'ai pensé : "Qui est mon Dieu ? L'argent est-il mon dieu ? Ou bien mon Dieu est-il le Dieu de l'argent qui pourvoira à mes besoins selon sa richesse dans la gloire par le Christ Jésus ? Mon Dieu possède le bétail sur mille collines ! Plus que mille collines ! Il a dit : 'Ne vous inquiétez pas de vos provisions. Regardez les oiseaux et les fleurs. Ne dois-je pas les nourrir ? Combien de plus vais-je vous fournir ? J'ai donné mon Fils pour vous. Combien plus ne vous donnerai-je pas librement toutes choses ?'" (Mt 6,25 ss; Rom 8,32).

On m'a dit de rentrer chez moi pendant qu'ils délibèrent et que je finirais par connaître leur décision.

UN "DIPLOME AVEC LES HONNEURS" TERRESTRE

Après quelques semaines, la décision finale est arrivée. Ils m'ont appelé une nouvelle fois et le secrétaire de la commission de révision m'a remis leur jugement. Je l'ai lu. Mon poste de médecin avait été supprimé et j'étais interdit d'exercice de la médecine dans toute la région des États du Golfe.

Je me souviens très bien d'avoir apporté ce papier directement au magasin pour le faire encadrer, après quoi je l'ai fièrement accroché au mur de ma chambre, juste à côté de mon doctorat en médecine. D'un point de vue terrestre, je pleurais avec Jérémie : "Je crie : 'Ma splendeur a disparu ! Tout ce que j'avais espéré du Seigneur est perdu !'" (Jr 3,19). Mais plus encore que la "réussite" de mon diplôme de médecine, je considère la perte de ces mêmes titres comme l'obtention d'un diplôme avec les plus grands honneurs. Tout n'est rien comparé à la connaissance du Christ, donc tout ce que nous perdons en nous efforçant de connaître le Christ est en fait un gain (Phil 3,7-8).

11 | SE SOUVENIR DE SHILOH

Cette maison, qui porte mon nom, est-elle devenue à vos yeux un repaire de voleurs ? Voici, je l'ai vue moi-même, déclare le Seigneur. Va maintenant dans mon lieu qui était à Silo, où j'ai d'abord fait habiter mon nom, et vois ce que je lui ai fait à cause du mal de mon peuple Israël.
JEREMIE 7,11-12

J'avais perdu tout accès aux églises de Dubai. J'avais perdu mon véhicule et mes certificats médicaux, me laissant bloqué dans ma ville où aucune association ne m'acceptait. Une fois de plus, je me sentais comme Saul de Tarse : je n'étais plus à ma place. Mais je savais que le Christ m'avait sauvé et que c'était la volonté de Dieu que je trouve et partage la fraternité chrétienne. Il ferait un chemin.

Nicole,[14] une croyante de nouveau née en Jésus-Christ et chef de la sécurité à l'ambassade américaine, a entendu mon histoire et, à sa demande, m'a fait ajouter à la liste des personnes approuvées et accueillies dans la propriété de l'ambassade américaine le vendredi pour participer à une

---

[14] Le nom a été modifié pour des raisons de sécurité.

fraternité chrétienne. Pendant la semaine, j'assistais à des soirées de prière et à des rassemblements avec des croyants britanniques et américains dans leurs ambassades respectives. Dieu avait fait en sorte que je continue à être transformé à l'image du Christ, et j'étais rempli de joie chaque jour à cause de cela.

MON AMI MEDECIN D'INDE

La douleur de l'accident a persisté. J'avais l'impression d'avoir des câbles de démarrage attachés à mes joues, et j'avais beaucoup de mal à mâcher de la nourriture. Le pire était un éclat de verre posé sur mon nerf facial - qui savait qu'une chose aussi petite pouvait infliger une douleur aussi indescriptible ? Pendant quatre mois, j'ai souffert de cette manière, faisant appel à de nombreux chirurgiens dans de nombreux hôpitaux pour me soulager, mais aucun n'a même envisagé de me traiter, de peur de couper mon nerf facial et de le laisser paralysé.

"Laissez-le là", disaient-ils, "et apprenez à vivre avec la douleur".

Un jour, lors d'un culte, un frère indien a vu ma douleur et a entendu mon cri au Seigneur pour qu'il me guérisse.

"Je m'appelle Dr Alexander", a-t-il dit en s'approchant de moi après le service. "Je suis un chirurgien général consultant. Le Seigneur a entendu vos prières. Venez à ma clinique, et je prendrai tous les risques pour vous libérer de votre douleur."

D'un seul coup, j'ai commencé à me réjouir ! Le Seigneur a entendu ma prière et a répondu si rapidement ! "Appelez-moi et je vous répondrai et je vous dirai des choses grandes et cachées que vous n'avez pas connues" (Jr 33,3, ESV). Dieu aime nous surprendre !

Le lendemain, je suis arrivé à la clinique de bonne heure et j'ai été rapidement accueilli par mon précieux confrère médecin et frère en Christ. Nous avons prié ensemble avant l'opération, puis nous sommes allés ensemble au bloc opératoire. Il m'a assuré au nom de Jésus que je n'aurais aucune complication. Une fois de plus, alors que j'étais allongé sur la table d'opération, il a prié sur moi au nom de Jésus.

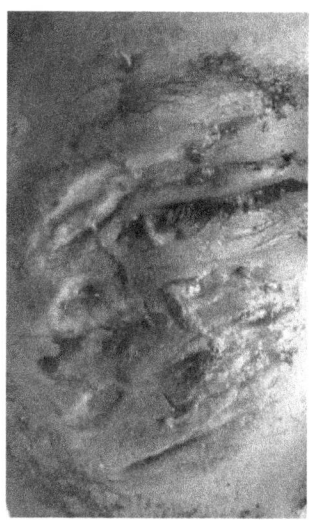

Mon visage lacéré après l'accident

Il a commencé l'opération en élevant des louanges au Seigneur, et par ses mains - et peut-être avec l'aide des anges du Seigneur - Dieu a accompli un miracle. J'ai été guéri ! Il n'y avait absolument aucune douleur sur mon visage ! Il avait enlevé l'éclat de verre et mon visage n'était pas paralysé !

J'étais si exalté que je n'ai pas pu former les mots pour remercier l'intendant de la guérison du Seigneur. Mais cette joie s'est momentanément éteinte lorsque je me suis souvenu que j'étais absolument sans le sou. Après mon accident, le gouvernement saoudien avait gelé tous mes comptes bancaires, ne me laissant aucun fonds pour payer ce cher médecin pour son travail miraculeux. Mais Dieu m'a en effet envoyé un homme selon le cœur du Christ, car le Dr Alexander a payé de sa poche mon opération - entièrement payée !

Dieu est certes bon, mais Satan est toujours le prince de ce monde ; et pour son acte de bonté, mon ami perdra plus tard son emploi pour s'être tenu à mes côtés et avoir agi en temps de besoin.

SALLE DE LA LIBERTE

J'ai continué à suivre les bourses de l'ambassade jusqu'au redéploiement de Nicole aux États-Unis. Le terrain de l'ambassade était devenu un territoire si familier que je me suis liée d'amitié avec les gardes et je me suis souvent portée volontaire pour faire la navette entre les portes de l'ambassade et le lieu de rencontre des boursiers : un gymnase appelé "Freedom Hall".

Portes d'entrée du "Freedom Hall" où les chrétiens se sont rassemblés

Lorsque le nouvel agent de sécurité est arrivé pour prendre la place de Nicole, il est devenu immédiatement évident qu'il ne donnerait pas à cette croyante saoudienne le même traitement amical auquel je m'étais plutôt habitué. Il a passé au crible tous les papiers, examinant attentivement ses mesures de sécurité et vérifiant la liste des personnes autorisées à entrer dans l'enceinte de l'ambassade. Mon nom figurait en deuxième position sur cette liste. Il a été si choqué de voir un citoyen saoudien fréquenter une association chrétienne qu'il a appelé les anciens de l'association et les a informés que je ne serais plus autorisé à y assister.

"Mais c'est un chrétien !" ils ont protesté.

"Ça n'a pas d'importance", a-t-il répondu froidement. "C'est un Saoudien."

Lorsque les anciens m'ont informé, je leur ai dit : "Louez le Seigneur !"

Naturellement frustrés par cette situation, ils ont demandé : "Pourquoi dites-vous 'Louez le Seigneur' ? N'êtes-vous pas blessé par cette nouvelle ?"

Ma réponse a été 1 Thessaloniciens 5,16-18 : "Soyez toujours joyeux. Ne cessez jamais de prier. Soyez reconnaissants en toutes circonstances, car c'est la volonté de Dieu pour vous qui appartenez à Jésus-Christ".

Bien que je ne sois plus le bienvenu, je suis revenu le vendredi suivant, ma confiance dans les pouvoirs supérieurs aux chefs de la sécurité, avec l'intention de pratiquer le culte avec ma famille chrétienne. Mes amis, les gardiens, m'ont reçu avec le sourire aux portes. Ils regardaient attentivement la liste, avec espoir, mais levaient ensuite la tête avec des expressions tristes.

"Je suis désolé", ont-ils dit. "Mais votre nom a été retiré de la liste."

"Je comprends", ai-je répondu en souriant. "Je veux juste adorer le Seigneur librement dans le pays des libres. J'ai un visa américain", ai-je poursuivi, en essayant de les convaincre. "Et c'est le pays des États-Unis, n'est-ce pas ? Laissez-moi adorer avec ma famille chrétienne."

Bien que cela ait semblé les écraser, ils ont dû me repousser. Sur les quarante nationalités différentes que comptait cette communauté, j'étais le seul à croire au sang local, et c'est la raison pour laquelle j'ai été licencié. Comme le sol américain était situé en territoire musulman, il ne pouvait y avoir de liberté pour quelqu'un comme moi.

Ma recherche d'une bourse m'a finalement conduit à un groupe d'accueil clandestin. Les frères et soeurs qui s'y trouvaient m'ont accueilli, m'ont guidé et ont pris soin de mon âme. Je me suis enfin sentie chez moi. Charles, le leader et l'un des anciens du groupe, était comme un père pour moi, tout comme mon précieux frère indien, le Dr Alexander, qui a également commencé à participer.

Pendant cette période, je me suis procuré un minuscule véhicule chinois très bon marché avec une transmission manuelle. Se garant loin de la maison où nous nous retrouvions, Charles venait me chercher et m'emmenait au petit groupe chrétien. Une fois de plus, Dieu avait ouvert une voie.

L'ATTAQUE INTERIEURE DE SATAN CONTRE LES EGLISES

Il m'avait toujours semblé qu'en Arabie Saoudite, l'ennemi attaquerait de l'extérieur ; jamais je n'ai pensé qu'une attaque viendrait de l'intérieur de l'église du Christ.

Certains des chrétiens de ma ville natale avaient recueilli des millions de dollars de dons du monde entier et étaient très enthousiastes à l'idée de construire le premier bâtiment d'église permanent en Arabie Saoudite. La police secrète, cependant, garde un œil sur ce genre d'argent en raison des lois internationales de lutte contre le terrorisme. Si vous déposez plus que ce que vous gagnez sur votre compte bancaire, vous serez convoqué pour un interrogatoire. C'est pourquoi certains chrétiens ont décidé de mettre tout l'argent en sécurité dans un coffre-fort situé dans une maison louée. Peut-être avez-vous déjà deviné ce qui s'est passé ensuite : un jour, le coffre-fort a disparu sans laisser de traces, sans que l'on sache qui était le voleur et sans qu'il y ait le moindre doute que le fait de porter le crime devant la police serait un désastre.

Mais le mystère n'a pas duré longtemps. Un de mes frères chrétiens nous a informés qu'il avait découvert une note, laissée par un des pasteurs de notre groupe, qui disait : "Je suis désolé d'avoir volé l'argent. J'en avais besoin".

Avant cela, cet homme avait fait des apparitions troublantes à la télévision, parlant avec fierté. La nouvelle qu'il avait été le voleur n'était donc, malheureusement, pas très surprenante. Le vrai cœur de l'homme finira par être exposé. Ce scandale en est un exemple, et il a conduit à d'autres révélations lorsque certains chrétiens se sont mis à professer des menaces de mort. Ce fut une période de violentes réactions sataniques. Mais aussi décourageant que cela ait été, cela m'a obligé à fixer mes yeux fermement sur le Christ. Même le peuple de Dieu peut me laisser tomber, mais le Christ ne le fera jamais.

Bien que tous ces événements troublants aient été une surprise pour moi et beaucoup de mes frères, ce n'était pas une surprise pour Dieu. Paul l'a dit un jour à l'église de Corinthe : "Il faut qu'il y ait des divisions parmi vous, afin que ceux qui ont l'approbation de Dieu soient reconnus" (1 Cor 11,19). Je priais pour que tout péché soit exposé dans l'église de Jésus afin que nous soyons une épouse pure, prête pour sa venue.

SE SOUVENIR DE SHILOH

Certaines personnes m'ont demandé : "Cela n'ébranle-t-il pas votre foi ?" Non. Mon espoir n'est pas dans les hommes ou dans la médecine, mais dans le Christ seul. Il n'est pas venu pour sauver les justes, mais plutôt pour appeler les pécheurs à la repentance (Lc 5,32). Rien de tout cela ne devrait surprendre, car Dieu purifiera toujours les siens. Même dans les temps anciens, lorsque le peuple de Dieu se noyait dans son péché, il l'a purifié à Silo, la capitale d'Israël, pendant 369 ans, au temps de Josué et des juges. Le peuple avait pris pour acquis la présence puissante et manifeste de Dieu. Les dirigeants étaient devenus des paresseux et des ayants droit. Au milieu du mal qui grandissait de jour en jour, Dieu appela Eli à la repentance, avec ses fils, Hophni et Phinehas, mais ils ne voulurent pas écouter. Dieu envoya donc les Philistins brûler le Tabernacle. Alors que les flammes le consumaient, la femme de Phinées donna naissance à un fils qu'elle appela de son dernier souffle Ichabod, ce qui signifie "la gloire a disparu" (1 Sam 4,21). L'impressionnante nuée de gloire de la présence de Dieu est alors partie et ne reviendra pas habiter parmi Israël avant la prière de Salomon lors de l'inauguration du Temple.

Dans Jérémie 7,11-12, Dieu demande : "Cette maison, qui est appelée par mon nom, est-elle devenue à vos yeux un repaire de brigands ? Voici, je l'ai vue moi-même, déclare le Seigneur. Va maintenant dans mon lieu qui était à Silo, où j'ai d'abord fait habiter mon nom, et vois ce que je lui ai fait à cause du mal de mon peuple Israël". Les gens échouent. Dieu n'échoue jamais.

Comme le dit le grand hymne : "Mon espoir est fondé sur rien de moins que le sang et la justice de Jésus. Je n'ose pas me fier au plus beau cadre, mais je m'appuie entièrement sur le nom de Jésus. Sur le Christ, le rocher solide, je me tiens ; tout autre sol est du sable qui s'enfonce".

Le Christ promet de construire son église, et la corruption pastorale ne peut pas contrecarrer son dessein (Mt 7,21-23). Jésus a dit : "Je bâtirai mon Église, et les portes de l'enfer ne prévaudront pas contre elle" (Mt 16,18, ESV). Je ne regarde pas les hommes, corrompus et enclins à la faiblesse, mais plutôt mon Dieu et Sauveur Jésus-Christ, immuable et sans faille.

12 | TOUTES LES NATIONS

Mon ambition a toujours été de prêcher la Bonne Nouvelle là où le nom du Christ n'a jamais été entendu, plutôt que là où une église a déjà été fondée par quelqu'un d'autre. J'ai suivi le plan dont il est question dans les Écritures, où il est dit : "Ceux qui n'ont jamais entendu parler de lui verront, et ceux qui n'ont jamais entendu parler de lui comprendront".
ROMAINS 15,20-21

Depuis que j'ai reçu un nouveau cœur du Seigneur, j'ai senti un grand fardeau s'abattre sur moi, me poussant à tendre la main à tous les croyants pauvres et abandonnés du monde. Avant de perdre ma situation, mon poste de médecin m'avait permis de prendre du temps libre et de toucher un bon salaire, ce qui m'a permis de me rendre dans certains des endroits les plus difficiles et les plus turbulents du monde pour encourager les croyants. Pendant cette période, j'ai rencontré de nombreux anciens musulmans qui suivaient et croyaient en Jésus grâce à l'évangélisation en ligne et aux salons de discussion chrétiens, mais qui m'ont dit qu'ils avaient été oubliés depuis. "Personne ne se soucie de nous", m'ont dit certains croyants résidant dans deux nations arabes qui m'ont ouvert leur cœur lorsque j'ai pris contact. "Personne ne prie pour nous. Personne ne veut nous enseigner la vérité des Écritures. Nous sommes abandonnés et n'avons pas de communauté chrétienne ni de fraternité".

"Vous n'êtes pas oubliés", lui ai-je répondu. "J'ai prié pour vous et je serais très heureux de vous enseigner la Parole en ligne. En fait, si personne ne vient encourager votre foi, je viendrai personnellement dans votre pays. Si les autres membres de l'église de Dieu ne viennent pas à vous, je le ferai".

LE MONDE ARABE

J'ai estimé qu'il était de mon devoir de rendre visite à ces précieux croyants qui vivent dans les nations musulmanes. Afin de protéger leur identité, je ne mentionnerai pas les pays ou les villes dans lesquels j'ai spécifiquement voyagé. Mon premier voyage a eu lieu dans une nation afro-arabe. J'ai pris l'avion dans la capitale d'un pays voisin, puis j'ai loué un véhicule et conduit pendant dix heures jusqu'à une ville frontalière sur la côte - une très belle ville ! De là, j'ai conduit plusieurs heures de plus jusqu'à la frontière du pays où j'ai attendu deux heures supplémentaires pendant que la sécurité des frontières fouillait ma voiture et examinait mes papiers. Surpris qu'un Saoudien veuille parcourir une si longue distance en voiture jusqu'à ce pays d'Afrique-Arabie, ils m'ont demandé : "Que faites-vous ici ?"

"En visite chez des amis", lui ai-je répondu.

Après avoir déclaré combien d'argent j'avais sur moi, j'ai été libéré pour faire le voyage de huit heures jusqu'à la maison de mes frères et sœurs persécutés.

À l'aide d'une application web cryptée, j'ai pris contact avec les croyants et on m'a dit où aller et comment arriver. Je me suis arrêté à une structure d'un étage, à peine digne du nom de "maison". Le toit était ouvert, le sol en sable, et des trous de balles criblaient les murs. Je me suis demandé si le toit n'avait pas été détruit par une fusée.

Ils ont servi du thé, et nous nous sommes tous assis par terre pour prier, lire la Bible et crier au Seigneur pour qu'il nous vienne en aide. Je n'y suis resté qu'un jour, mais ils ont été très encouragés par cette visite, même s'ils ont été très surpris que je sois venu comme je l'avais dit.

Mon prochain arrêt était une ville située à la fin d'un voyage de deux jours sur les pires routes imaginables, perdue au milieu d'un désert abandonné. Là, j'ai rencontré et séjourné avec deux croyants, leur enseignant une grande partie de la Bible et travaillant rapidement sur l'Evangile de Matthieu et de Jean, le tout en arabe. Ces deux personnes, au milieu de nulle part, n'étaient pas loin d'être hors de portée de Dieu, et toutes deux étaient si désireuses et réceptives pour en savoir plus sur Jésus et ses paroles. Je suis resté une semaine entière dans cette partie abandonnée du monde arabe, à discipliner mes chers frères et à adorer Dieu.

De là, je suis retourné auprès de mes frères dans la capitale. Nous avons ouvert la Bible, prié ensemble, nous nous sommes encouragés et avons partagé un repas. Les yeux pleins de larmes et le cœur plein de joie, nous nous sommes fait nos adieux et je me suis rendu à l'aéroport. Aujourd'hui encore, je suis en contact avec ces croyants - oh, que notre Seigneur Jésus ouvre les yeux des multitudes parmi les peuples du désert !

A peine étais-je rentré chez moi que j'ai appris l'existence d'un autre groupe de croyants dans le besoin. Résidents d'un pays musulman, ils avaient entendu parler de mon voyage dans la nation afro-arabe par le biais de salons de discussion chrétiens en ligne et m'avaient contacté pour me demander si je voulais aussi leur rendre visite. Leur pays est un pays musulman radical, connu pour être un foyer de terrorisme ; mais j'ai senti que le Seigneur m'appelait à mettre ma foi en lui, à rendre visite à ces croyants persécutés, et à appliquer l'Évangile en allant dans les lieux où le peuple de Dieu a été oublié.

L'hôpital où je travaillais à l'époque n'accordait qu'une semaine de vacances ; j'ai donc travaillé quelques jours de repos et de garde, en plus de mon horaire habituel, ce qui m'a permis de prendre plus de temps libre plus fréquemment. Ayant enfin gagné suffisamment de temps, je me suis envolé pour cette capitale et ce terrain d'entraînement terroriste où mes frères m'ont accueilli à l'aéroport. J'ai rapidement revêtu des vêtements saoudiens, puis j'ai été escorté jusqu'à une voiture, tout le monde prenant soin de ne pas me voir. Nous avons conduit loin de la capitale jusqu'à une grotte où nous avons lu et étudié la Bible. Nous avons prié pour que l'Esprit de Dieu bouge dans nos cœurs ainsi que dans ceux de tous les croyants de cette nation. Nous avons lu, dormi et prié pendant une semaine entière dans cette grotte, divorcés d'Internet, du téléphone et du confort moderne de base, faisant confiance à Dieu pour notre subsistance et étudiant les enseignements de Jésus. Chaque jour, j'ai joyeusement enseigné à partir des évangiles, répondant aux nombreuses questions de mes frères chrétiens et révélant ce que la Parole dit sur la croissance en Christ.

Je n'ai pas pu rester plus longtemps que cette semaine car je devais revenir pour reprendre mes fonctions médicales. Avant de partir, j'ai vidé mon compte en banque, je l'ai échangé contre leur monnaie et je leur ai donné - ils étaient si pauvres en croyance.

"Cela vient de l'église de Jésus en Arabie Saoudite", ai-je dit.

Avec un dernier au revoir, les frères m'ont déposé à l'aéroport, et je suis rentré en Arabie Saoudite.

PHILIPPINES

Une fois que j'ai gagné assez de temps pour une autre semaine de congé, je me suis envolé pour Manille aux Philippines. Après m'avoir accueilli à l'aéroport, mes frères et sœurs chrétiens m'ont emmené dans un très bel hôtel où ils ont insisté pour me protéger. Chaque nuit, un des frères dormait dans ma chambre ; ils craignaient que quelque chose ne m'arrive parce que je suis musulman devenu chrétien, et pas un silencieux en plus. Nous descendions dans la rue tous les jours pour proclamer l'amour de Jésus ; à chaque coin de rue, j'espérais rencontrer ma chère femme de ménage philippine, celle qui m'avait élevé pour que je puisse partager avec elle la bonne nouvelle de Jésus-Christ.

Un jour, nous avons rencontré et partagé l'Evangile avec une dame catholique qui vendait de la nourriture sur le côté de la rue à côté d'une cathédrale catholique de la capitale. Voulant m'offrir l'hospitalité, elle m'a donné un œuf de canard et m'a invité à le manger. Aux Philippines, il s'agit d'un mets délicat appelé *ballut,* qui est un embryon d'oiseau en développement (généralement un canard) que l'on fait bouillir et que l'on mange à partir de la coquille. Son odeur bruyante était écrasante. Son odeur fétide m'a presque fait vomir, et mon estomac m'a supplié de ne pas le manger. Cependant, dans l'espoir qu'elle écouterait le message de l'Evangile si j'acceptais son cadeau, j'ai lentement pelé la coquille, fermé les yeux et jeté le contenu contre mes amygdales. Ma gorge s'est rapidement scellée, m'interdisant d'avaler en gros et me forçant à mâcher. Alors que mes dents se broyaient à contrecœur, je sentais les os et les pieds craquer et j'ai même senti quelques plumes se frotter contre ma langue. J'ai essayé de penser à des choses plus heureuses, mais je n'ai pu m'empêcher de voir la manifestation physique de la puanteur, ainsi qu'une image claire de ce qui devait se passer dans ma bouche. C'était vraiment un travail d'amour.

Ravie qu'une étrangère ait reçu sa générosité, la femme l'a acclamée et lui a dit : "Maintenant, tu es philippine ! Tu as réussi le test !" Elle a ensuite exprimé son désir d'écouter ce que j'avais à dire.

J'ai commencé par lui dire que j'avais été élevée par une Philippine que j'aimais comme une mère. De là, j'ai expliqué la signification de la mort et de la résurrection du Christ. Elle m'a posé beaucoup de questions.

"Quel est le statut de Marie dans la Bible ? Ne devrait-elle pas être adorée puisqu'elle est la mère de Dieu ?"

"Non", ai-je répondu. "Marie n'est pas corédemptrice avec le Christ. Jésus est le seul chemin vers le Père".

Je lui ai montré dans une Bible en tagalog[15] où Jésus demande :

> "Qui est ma mère ? Qui sont mes frères ? Puis il a montré du doigt ses disciples et a dit : "Regardez, ce sont ma mère et mes

---

[15] Une langue philippine

frères. Quiconque fait la volonté de mon Père qui est aux cieux est mon frère, ma soeur et ma mère !" (Mt 12,48-50).

Après avoir planté une graine dans son cœur, je l'ai mise en contact avec mes frères chrétiens philippins pour qu'ils continuent à fournir l'eau de la Parole.

Nous nous sommes ensuite rendus au nord de l'île, dans les villages autour de Baler. Là, nous avons partagé l'Evangile avec de nombreux fermiers pauvres qui ne l'avaient jamais entendu auparavant, dont beaucoup croyaient en des choses comme le mysticisme et les mauvais esprits. Certains n'écoutaient pas et s'en allaient tout simplement. D'autres nous maudissaient et appelaient les esprits à nous attaquer et à nous tuer. Mais il y en avait une poignée qui voulait en entendre davantage. Ils ont reçu plus tard le Christ comme Sauveur, et nous les avons baptisés dans la baie de Baler, dans la mer des Philippines. Mes frères philippins les ont ensuite guidés vers une communauté de chrétiens dans la ville.

J'ai ensuite sauté dans un vieil avion bancal et me suis rendu sur une des îles du sud, dans la ville de Cebu, où j'ai parlé dans deux églises, l'une le matin et l'autre l'après-midi. Cette nuit-là, j'ai pris un autre avion pour Mindanao, aux Philippines, où j'ai partagé l'Évangile avec de nombreux musulmans vivant là-bas. Ils n'étaient pas du tout réceptifs - certains étaient même hostiles - mais tous étaient certainement fascinés par le fait qu'un chrétien soit venu du lieu de naissance de l'Islam. Les chrétiens que j'ai rencontrés là-bas, en revanche, étaient très encouragés car ils ne croyaient pas que les musulmans étaient capables de faire confiance à Jésus pour être sauvés. J'étais la preuve vivante que cela pouvait effectivement arriver.

Comme pour les autres semaines de mon voyage, la fin est arrivée trop tôt, et je suis rentré en Arabie Saoudite.

CHINE

Plusieurs croyants chinois que j'ai rencontrés aux EAU m'ont demandé de les rejoindre et de parler en Chine. Je me suis d'abord rendu à Hong Kong pour rencontrer quelques croyants, puis à Pékin où j'ai appris la différence entre les églises d'État et les véritables églises (clandestines). Plus tard, j'ai donné des cours sur le partage de l'Évangile avec les musulmans dans certaines de ces communautés.

L'une de ces fois, nous nous sommes arrêtés dans un bâtiment qui ressemblait à une salle de conférence. Je m'attendais à voir une croix gigantesque qui en cachait l'entrée, mais il n'y avait aucun signe qui trahissait que cet endroit était une église. Peu de temps après être entré, j'ai été chaleureusement accueilli et invité à enseigner. C'était la première fois que je parlais à une foule avec l'aide d'un interprète, ce qui m'a posé des problèmes au début. Dès que j'avais une bonne idée en tête, je devais attendre qu'elle soit interprétée. Mais Dieu a donné beaucoup de grâce et de patience pour qu'il puisse offrir ses bénédictions à ces gens.

Ensuite, j'ai eu l'impressionnant privilège d'assister à un service dominical à Shanghai, où des dizaines de milliers de personnes se sont réunies pour le culte. Ils étaient si nombreux qu'ils affluaient dans les rues, tous louant Jésus dans leur langue chinoise et chantant de toutes leurs forces pour Dieu. J'ai essayé de me joindre à eux du mieux que j'ai pu, même si je ne connaissais pas beaucoup le chinois. En fait, je ne comprenais rien ! Mais je savais qu'ils louaient mon Seigneur Jésus-Christ ; alors, comment pouvais-je ne pas essayer au moins de chanter avec eux ? Le prédicateur a prononcé la Parole de Dieu pendant environ quarante minutes. Encore une fois, je n'ai pas compris un mot, mais j'ai été béni d'être parmi mes frères et sœurs en Christ. Le service s'est déroulé du début à la fin sans aucun problème. Je me demande donc si la police chrétienne était également présente, car cette réunion était sûrement illégale.

J'ai passé mes trois derniers jours à former mes frères et sœurs chinois à l'évangélisation des musulmans et à les informer des croyances de l'Islam. Ils avaient besoin de connaître la profonde obscurité de cette religion et le besoin désespéré du peuple musulman pour le Christ.

JUSQU'AU BOUT DE LA TERRE

Grâce au généreux salaire que j'avais reçu en tant que médecin, j'avais le temps et l'argent nécessaires pour voyager à travers le monde et faire l'expérience directe de l'église multiculturelle de Jésus-Christ, tout cela dans un seul but : faire avancer le royaume de Dieu en obéissant à la grande mission de mon Seigneur. C'était et c'est toujours mon désir ardent de prêcher le Christ, à la fois à proximité et aux confins du monde, en répandant l'Évangile de son pardon par sa mort sur la croix et sa résurrection d'entre les morts.

13 | BALLES

Oui, et tous ceux qui veulent vivre une vie pieuse dans le Christ Jésus souffriront de persécution.
2 TIMOTHEE 3,12

Après avoir été radié de la médecine, j'ai passé de nombreux mois sans emploi et avec une petite pension médicale pour subvenir à mes besoins. Pendant ce temps, j'ai assisté jour et nuit à une application vidéo qui a permis à de nombreuses personnes dans le monde entier de donner joyeusement la bonne nouvelle de Jésus. Quelle joie d'obéir aux commandements de Jésus, écrits de sa main et du Saint-Esprit dans les murs mêmes de mon cœur et de mon esprit !

Finalement, le Seigneur m'a ouvert une porte vers les États-Unis où j'allais une fois de plus proclamer la puissance salvatrice du Christ lors de quelques réunions d'église. Le Seigneur a touché le cœur des gens. Ils étaient stupéfaits de voir que Dieu allait sauver quelqu'un comme moi. Comme je m'y attendais, ils étaient d'abord méfiants, mais après avoir reçu mon histoire dans sa quasi-totalité, ils ne pouvaient pas nier que Jésus-Christ avait sauvé mon âme. Le Seigneur m'a même mis en relation avec mon pasteur aux États-Unis. J'ai fait l'expérience d'une abondance d'amour parmi mes frères et sœurs américains, mais le temps est vite venu pour moi de retourner au Royaume d'Arabie Saoudite pour commencer un ministère qui ouvrirait la porte aux chrétiens du monde entier pour venir évangéliser dans un endroit aussi désespérément perdu que ma maison.

Mon trésor en Christ ne pouvait être contenu. Je devais simplement dire au monde l'amour de mon doux Sauveur ! De retour chez moi, j'ai repris l'évangélisation via l'application vidéo, en touchant des gens de toutes sortes : Musulmans, athées, croyants perdus dans le péché, tous ceux qui voulaient écouter ! "Que celui qui a des oreilles pour entendre entende" (Mt 11,15).

Il n'a pas fallu longtemps, cependant, avant que je réalise que le gouvernement saoudien me traquait. Malheureux de mes efforts d'évangélisation chrétienne et de mes relations, ils me rendraient bientôt visite.

INFIDELE MAUDIT

Un jour, alors que je faisais des courses, je me suis approché d'un dos d'âne et quelqu'un dans une voiture à ma gauche a baissé sa fenêtre, a pointé du doigt ma voiture et s'est mis à rire de moi.

Surpris et un peu inquiet, j'ai baissé ma fenêtre et j'ai demandé : "Ça va ?"

"Vous êtes un infidèle maudit !" cria-t-il au milieu de son rire gonflé.

"Excusez-moi ?" Je lui ai répondu, stupéfait. "Est-ce que je vous connais ?"

En ricanant, il a pointé vers l'arrière de ma voiture et m'a dit : "Regarde ta fenêtre arrière."

J'ai immédiatement arrêté ma voiture et j'ai marché vers l'arrière. Là, peints à la bombe sur la vitre, se trouvaient les mots "Infidèle maudit", ainsi que la fameuse lettre "N" (ن) griffonnée en arabe qui est le symbole de "disciple de Jésus de Nazareth".

Un frisson m'est tombé dessus, et je me suis précipité dans ma voiture pour contacter mon pasteur aux États-Unis. J'ai pensé que je devais lui dire mon dernier adieu, mais je lui ai demandé de prier pour moi, car je savais que je serais désormais chassé comme un animal. Avant de faire quoi que ce soit d'autre, je me suis empressé de me rendre dans un atelier de réparation et j'ai fait remplacer la vitre arrière.

UNE LETTRE DERANGEANTE

Je n'ai pas perdu de temps à suivre les instructions de Jésus dans Matthieu 10,23 : "Quand vous êtes persécutés dans une ville, fuyez dans la suivante." Quelques jours après avoir déménagé et m'être installé sur un nouveau chantier à près de trois heures de là, j'ai trouvé une enveloppe attachée à ma voiture. Elle était un peu bombée et terriblement lourde. J'ai pensé que je m'étais peut-être garé à la mauvaise place, et quelqu'un m'a gentiment prévenu. Mais elle était si inhabituellement lourde que je n'ai pu m'empêcher de penser que cela n'avait pas grand chose à voir avec mon stationnement. Une curiosité effrayante s'est emparée de moi, et j'ai soigneusement pelé le sceau. Ce n'était pas une note amicale. Un éclair d'or me traversa les yeux et, d'une main tremblante, je fis basculer l'enveloppe vers ma paume ouverte. Je regardai avec horreur les trois balles qui brillaient dans ma main et offraient un parfum de mort. En les jetant dans la poussière, j'ai extrait le dernier morceau du contenu de l'enveloppe : une note, écrite en arabe, offrant un avertissement et une menace de cette manière :

Chien de Jésus, tu dois cesser de parler au nom de Jésus et te tourner vers Allah et Mohammed son messager. Si tu ne retournes pas à l'Islam, nous te tuerons. Nous te donnons dix jours. Tu peux courir, mais nous te trouverons, nous te traquerons et nous te tuerons.

Ils n'attendraient pas dix jours, je le savais. Il était temps de s'enfuir. Comme un réfugié, j'ai fui vers un camp de travail saoudien où je me suis caché du regard de ces terroristes avec à peine plus que le strict minimum de nourriture et d'eau pour me maintenir en vie. Je ne voyageais que la nuit pour me ravitailler, de peur de tomber entre les mains de mes chasseurs ou de la police religieuse. Des jours et des nuits passaient ainsi dans la dissimulation de ma cachette.

PLUIE DE BALLES

Un soir, alors que je sortais pour acheter de la nourriture, j'ai vu du coin de l'œil une masse noire qui se précipitait vers moi. Lorsque je me suis retourné, j'ai vu un 4x4 géant et un fusil d'assaut bondir de sa fenêtre latérale. On m'avait promis dix jours, mais je savais que leur soif de moi serait trop grande pour la nier pendant si longtemps. Avant que je ne puisse réagir, un bruit comme celui de grains de pop-corn explosant en stéréo a rempli ma voiture alors que les balles pleuvaient sur moi. Par la grâce de Dieu, personne n'a réussi à pénétrer dans mon véhicule et à trouver ma chair. Après une série de manœuvres périlleuses dans les rues de la ville, j'ai dépassé les terroristes et trouvé la sécurité. Je n'ai jamais été aussi reconnaissant pour ma petite voiture chinoise à transmission manuelle.

Il n'était pas question de retourner au camp de travail, alors j'ai rassemblé quelques bricoles et j'ai commencé à me déplacer de ville en ville, constamment en mouvement. J'ai prié tout ce temps pour être guidé et j'ai finalement été impressionné par le Seigneur qui m'a dit qu'il était temps de quitter l'Arabie Saoudite. Je n'avais presque pas d'argent pour un billet d'avion, mais le Seigneur a mis sur le cœur de quelqu'un la provision presque exacte sur mon compte bancaire nécessaire pour mon passage en avion.

Je suis monté dans ma petite voiture et j'ai mis le cap sur l'aéroport de Dubaï, aux Émirats arabes unis. C'était une route longue et sablonneuse, et elle aurait dû être suffisamment éloignée pour éviter d'être détectée. Mais j'ai vite entendu le rugissement de ce 4x4 géant qui grondait vers moi à toute vitesse, un nuage de poussière dans son sillage, déterminé à m'assassiner.

Aussi vite qu'un requin s'approchant à toute allure de la mort, le 4x4 était sur moi, et un barrage de balles a traversé mes fenêtres et mes portes, explosant avec une telle force que j'ai eu l'impression que mes os avaient été pulvérisés. Pendant plus de trente minutes, j'ai parcouru le paysage stérile en essayant d'échapper à mes prédateurs ; chaque seconde était une éternité, et chaque respiration était sûre d'être la dernière. Des éclats de plomb fumants ont sifflé devant mon visage et ont explosé tout autour de moi. J'ai secoué la roue par-ci par-là, en essayant de naviguer dans l'obscurité devant moi quand, tout à coup, ce qui ressemblait à un couteau brûlant m'a poignardé dans l'épaule. J'ai rapidement jeté un coup d'œil à ma blessure mais je ne voyais rien dans cette obscurité. À ce moment précis, une autre balle a traversé mon tableau de bord. Toute la douleur que j'ai ressentie à cause de la balle qui venait de me brûler a été oubliée.

Je conduisais comme un fou mais je ne pouvais pas les secouer. Il semblait que je courrais de cette manière jusqu'à ce que je tombe finalement en panne d'essence. Mais alors, comme si j'avais roulé sur une mine, ma voiture a secoué, rebondi et s'est mise à tourner violemment. "C'est la fin", pensai-je alors que le volant me sortait des mains et que je perdais tout contrôle. "Je vais avoir mon diplôme et rencontrer Jésus !"

Juste à ce moment-là, je me suis écrasé contre une dune de sable. Ne sachant pas si j'étais mort ou vivant, j'ai ouvert la portière de la voiture et j'ai couru aussi vite que possible dans le désert d'Arabie. Le sable et les vents chauds m'ont enduit et séché la gorge, mais c'était une course folle pour la survie. À chaque respiration, j'avais de plus en plus l'impression que mes poumons essayaient de soulever une boule de bowling toujours plus grosse. Ils étaient si fatigués qu'ils se sentaient à plat, incapables d'aspirer de l'air.

En dehors de mon testament, je me suis effondré le visage le premier dans le sable en attendant ma mort à tout moment. Les terroristes doivent sûrement se rapprocher de moi.

"Seigneur," ai-je prié, "tu as dit de fuir, et je me suis enfui ! Je te verrai bientôt face à face ! Comme j'aspire à cette douce communion !"

L'éternité est passée, et personne n'est venu me tuer. Ayant repris ma respiration et ayant rassemblé assez de force pour me tenir debout, je suis retourné à ma voiture enterrée dans la dune de sable ; mais, à mon grand étonnement, il n'y avait personne dans les environs. Ont-ils pensé qu'ils m'avaient tué et sont-ils partis ? Je ne réfléchissais pas longtemps à cette question. Si ce n'était pas encore mon heure de rencontrer Jésus, si le Christ avait encore un plan pour ma vie, alors il y en aurait encore d'autres à venir. Alors j'ai commencé à déterrer ma voiture.

EN VIE D'ENTRE LES MORTS
Par la grâce de Dieu, j'ai libéré ma voiture de la dune de sable. En descendant l'autoroute dans ma voiture déchiquetée, je ne savais pas si j'étais mort ou vivant. Pourrais-je vraiment être en vie ? Je pouvais à peine le croire ! Alors que j'approchais de la frontière, j'ai prié et demandé à Dieu la sagesse. Une voiture criblée de balles éveillerait sûrement les soupçons.

LE RUBAN ADHESIF A SAUVE LA JOURNEE
Avant d'approcher la frontière, je me suis arrêté dans un supermarché local pour acheter de la nourriture et de l'eau. J'étais absolument épuisé par l'événement récent. Alors que je marchais dans les allées, tout en priant, mes yeux sont tombés sur du ruban adhésif. Pendant une minute, il m'a semblé mal placé, mais j'ai alors réalisé que c'était la réponse à ma prière ! Le ruban adhésif, à mon grand étonnement, correspondait exactement à la couleur de ma voiture ! C'était une réponse si rapide et si claire à ma prière que j'ai l'impression d'avoir manqué de voir un ange la placer là pour que je la trouve !

En achetant la cassette, j'ai procédé à la couverture de tous les impacts de balles - quelle correspondance parfaite ! En utilisant mes coudes, j'ai brisé ce qui restait de mes fenêtres brisées, laissant des trous béants que j'ai ensuite recouverts de ruban adhésif pour éviter le sable, la chaleur et l'humidité. J'ai ensuite continué vers Dubaï. Miraculeusement, et grâce aux prières sincères de mes amis de Nouvelle-Zélande et des États-Unis, j'ai passé la frontière sans problème.

Mon conduit a scotché la voiture, cachant les impacts de balles et les fenêtres jonchées de balles

Avant d'aller à l'aéroport, j'ai rendu visite à un ami avec qui j'ai prié et partagé un délicieux repas. Sa femme est entrée chez eux en état de choc. En me regardant avec de grands yeux, elle m'a dit : "Ta voiture est complètement détruite ! Les choses sont suspendues au fond ! Elle est inutilisable !"

Je leur ai raconté toute l'histoire, et ensuite mon cher ami est sorti avec moi dans la voiture pour examiner les trous de balles et les vitres brisées. Ce faisant, j'ai découvert une balle logée dans le siège du conducteur, qui a failli pénétrer le tissu à l'endroit exact où se trouvait mon cœur. Il est très possible que j'aie été poursuivi par un sniper professionnel, car qui peut tirer avec une telle précision depuis une voiture en mouvement la nuit ? Mais tous les plus grands tireurs d'élite du monde ne pouvaient pas s'opposer à mon programme de protection des témoins, qui est le plus fort de tout l'univers ; car je témoigne pour l'amour de l'Évangile, et le Seigneur Dieu me protège.

À ce moment, je me suis souvenu du couteau brûlant qui m'avait poignardé dans le noir. Quand j'ai regardé, j'ai trouvé une épaule pourpre, qui saignait encore, avec un fragment de balle logé sous ma peau.

Mon ami m'a aidé à me rafistoler. Puis nous avons prié, et je suis parti pour l'aéroport de Dubaï. J'ai demandé à Dieu un endroit pour cacher ma voiture, et il m'a montré l'endroit parfait : un garage de mécanicien juste à côté de l'aéroport. Ma voiture s'est parfaitement intégrée à toutes les autres voitures accidentées !

UNE EVASION ETROITE

Quand je suis arrivé à l'aéroport, il y avait une longue file de personnes qui attendaient leur carte d'embarquement. J'étais sûr de rater mon vol. Juste à ce moment-là, quelqu'un a crié : "Quelqu'un va à Auckland, en Nouvelle-Zélande ?"

"Je le suis !" J'ai répondu en criant.

Un homme m'a approché et m'a fait passer devant la foule pour me conduire à la ligne d'immigration où l'on m'a rapidement délivré une carte d'embarquement. Les citoyens des États du Golfe, contrairement à ceux de toute autre nation, sont autorisés à passer directement par la sécurité en utilisant une carte d'identité des États du Golfe. J'avais utilisé des formes d'identification différentes à ma sortie des EAU par rapport à mon entrée, ce qui a rendu mes allées et venues introuvables cette fois-ci.

Dès que je suis monté dans l'avion, j'ai poussé un profond soupir de soulagement ! Mais ce soulagement sera de courte durée, car à mon arrivée en Nouvelle-Zélande, j'ai reçu la mauvaise nouvelle que trois de mes amis étrangers avaient été arrêtés et interrogés, certains d'entre eux pendant plusieurs jours. De plus, on m'a informé que j'avais en effet à peine réussi à m'échapper. Quelques minutes seulement après mon départ, la police a déferlé sur mon portail à ma recherche. Lorsqu'ils se sont rendu compte que je leur manquais, ils se sont immédiatement lancés à la poursuite de mes amis et de mes coreligionnaires. Il était insupportable d'entendre que d'autres personnes avaient été persécutées à cause de moi. Heureusement, ils ont tous été libérés par la suite, sans qu'aucune charge ne soit retenue contre eux.

Mon vol de quinze heures pour la Nouvelle-Zélande m'a paru être de quinze minutes. J'étais enfin libre, j'étais enfin en sécurité.

C'est du moins ce que je pensais.

14 | ÉVASION

Au bout d'un certain temps, certains des Juifs ont comploté ensemble pour le tuer. Ils le surveillaient jour et nuit à la porte de la ville pour pouvoir l'assassiner, mais Saul a été informé de leur complot. Ainsi, pendant la nuit, certains des autres croyants l'ont fait descendre dans un grand panier par une ouverture dans le mur de la ville.
ACTES 9,23-25

Lorsque l'avion a atterri en Nouvelle-Zélande, j'ai remercié Dieu à nouveau pour sa miséricorde qui m'a permis de rester en vie. Mes amis chrétiens, John et Reena, qui m'avaient entendu parler dans leur église lors d'une de mes précédentes visites, m'ont généreusement offert le gîte et le couvert. Ils m'ont adopté comme leur fils spirituel et m'ont dit que leur maison était ma maison. Comme une mère, Reena s'est occupée de moi, lavant mes vêtements de sable et m'apportant une tendresse maternelle. En plus de ce couple aimant, tout un groupe de croyants dévoués à ma sécurité et à mon édification spirituelle se tenait à mes côtés. Fong et le Dr. Maria ont accueilli et organisé ce groupe. Ils ont jeûné et prié pour et avec moi et ont généreusement pourvu à tous mes besoins. Leur amour et leur générosité s'étendaient au-delà des limites des mers.

La grande commission est de faire des disciples de chaque nation, et je me suis engagé à faire tout ce que je pouvais pour atteindre les musulmans pour le Christ. Me levant tôt, je me suis de nouveau avancé sur la belle terre de Nouvelle-Zélande pour rechercher les perdus et partager la Bonne Nouvelle. En chemin, j'ai rencontré un restaurateur musulman. Chaque jour, j'ai pris le temps de lui démontrer l'amour du Christ non seulement en lui donnant l'Évangile, mais aussi en l'aidant à laver ses nombreux plats, car l'amour du Christ se manifeste le mieux dans la servitude amoureuse. J'ai rencontré beaucoup d'autres musulmans au cours de mes voyages - certains réceptifs, d'autres non - et j'ai continué à répandre l'Évangile à d'innombrables autres par le biais d'une application vidéo.

ENCORE CHASSES ?

La Nouvelle-Zélande avait commencé à se sentir comme l'endroit le plus sûr au monde lorsque j'ai soudain appris que la police religieuse me recherchait à la fois en Arabie Saoudite et à Dubaï : deux gouvernements menant une enquête approfondie sur mes déplacements avec une prime sur ma tête ainsi qu'une demande internationale de me livrer pour une exécution par décapitation. Mes frères et sœurs et moi-même avons immédiatement commencé à prier, demandant à Dieu de rendre aveugles les yeux de mes ennemis. Et Dieu a répondu.

La police des États du Golfe a mal compris et a présumé qu'elle était à la recherche d'un Américain selon les informations de presse, alors que le gouvernement saoudien a publié un communiqué de presse, mentant sur les choses qui m'étaient arrivées, insistant sur le fait que tous les rapports faisaient partie d'un canular géant. C'est exactement la même chose qu'ils ont fait après la mort du journaliste saoudien Jamal Khashoggi. Dieu avait temporairement confondu l'ennemi, mais ce n'était pas encore fini.

Avant que je ne m'en rende compte, deux policiers néo-zélandais sous couverture (probablement payés par les Saoudiens) fouillaient la maison de mes hôtes. Je me suis donc enfui et j'ai commencé à sauter entre les maisons de divers croyants. La Nouvelle-Zélande est un pays connu pour sa protection de la liberté religieuse, mais cette liberté peut être rapidement compromise là où l'amour de l'argent est plus grand que l'amour de la liberté. J'ai eu connaissance de première main de l'enlèvement d'autres chrétiens saoudiens par le gouvernement saoudien alors qu'ils cherchaient refuge en Nouvelle-Zélande et de l'aveuglement de certains membres du gouvernement néo-zélandais. Ce n'était pas un secret. Les médias néo-zélandais avaient largement rendu compte de ces mascarades.

"S'ils veulent vous prendre," a déclaré ma mère néo-zélandaise dans le Christ, "ils devront d'abord passer par mon cadavre !"

Louons Dieu pour cet amour maternel si nourrissant et réconfortant !

Pour mettre fin à cette poursuite, j'ai approché les officiers et j'ai accepté de les rencontrer à condition que nous parlions chez mes parents chrétiens, les deux étant présents en tant que témoins.

Assis en face des officiers, l'un d'eux m'a regardé droit dans les yeux et m'a demandé : "Es-tu chrétien ?"

J'ai failli tomber de ma chaise ! Le christianisme est-il un crime ? La Nouvelle-Zélande n'est-elle plus un défenseur de la liberté religieuse ?

"Nous ne le dirons pas au gouvernement saoudien", a-t-il poursuivi, sur un ton aussi amical que je le sentais.

Dans mon esprit, j'ai entendu la voix de Jésus : "Voici que je vous envoie comme des brebis au milieu des loups, soyez sages comme des serpents et innocents comme des colombes" (Mt 10,16, ESV).

C'est alors que j'ai remarqué qu'un des interrogateurs avait tenté d'enregistrer furtivement la conversation sur un téléphone portable. Le piège était tendu, alors je n'ai donné que de vagues réponses. Finalement, ma mère néo-zélandaise a interrompu l'interrogatoire de l'officier.

"C'est un homme de caractère pieux ! J'en témoigne. Il n'a rien fait de mal, alors pourquoi l'interrogez-vous ?"

Sans aucun motif légal pour m'arrêter, les officiers se sont levés pour partir. Cependant, alors qu'ils le faisaient, l'un d'entre eux a pris une photo illégale de moi.

J'ai décidé de ne rien dire.

UN VISA ?

L'asile en Nouvelle-Zélande n'était plus une option. J'étais venu en Nouvelle-Zélande parce que c'était censé être un havre de liberté religieuse. Malheureusement, j'ai compris que cette liberté est assez limitée. La pression du gouvernement saoudien avait transformé les armes de l'accueil et de la sécurité en un piège mortel.

"Peut-être que le gouvernement saoudien a honte que vous demandiez l'asile ici", a suggéré l'homme néo-zélandais qui m'avait conduit au Christ. "Ne faites pas de demande", me conseilla-t-il. "Ils pourraient vous kidnapper comme ils l'ont fait avec l'autre croyant qui était avec moi. Je crains que cette personne ne soit maintenant morte. "

L'asile n'étant plus envisagé, cet homme m'a encouragé à demander un autre type de visa. Selon les conditions requises, je devais être accepté dans un institut de langue anglaise. Nous sommes allés dans un institut, mais je n'avais pas assez d'argent pour payer d'avance. Mon ami et moi avons alors été invités à rendre visite au propriétaire de l'institut. Il n'était pas chrétien, mais plutôt bouddhiste.

"S'il vous plaît, asseyez-vous", a déclaré le directeur lorsque nous sommes arrivés à son bureau, qui était tapissé de symboles bouddhistes.

Mon ami a parlé le premier.

"Ahmed, mon ami ici présent, n'a pas assez d'argent pour payer d'avance l'école. Pouvez-vous nous aider ?"

Perplexe, le réalisateur a déclaré : "Tous mes étudiants saoudiens ont beaucoup d'argent ! Pourquoi êtes-vous si pauvres ?"

"Je suis un homme traqué", ai-je expliqué. "Prendre mon argent n'est qu'une fraction de ce que le gouvernement saoudien m'a fait jusqu'à présent."

"Pourquoi ? Quelle est votre histoire ?"

J'ai parlé au directeur des atrocités qui m'étaient arrivées. Je lui ai parlé de la rencontre à Auckland. Je lui ai raconté comment j'étais passé d'un médecin respecté à un pauvre simplement parce que je suivais le Christ. À ma grande surprise, avant même que j'aie fini de parler, des larmes coulaient comme des rivières sur ses joues.

"Je ferai tout ce que je peux pour vous aider", a-t-il déclaré.

Dieu s'était servi de mon histoire pour toucher son cœur. Il y avait là un bouddhiste qui était prêt à m'aider, un chrétien, gratuitement, juste à cause de ce que Jésus avait fait pour moi.

LE TEMPS DE FUIR

Malheureusement, il est vite devenu évident que, même avec l'aide du directeur, un visa n'était pas non plus une option viable pour moi. Ce pays de lait et de miel n'était plus un refuge sûr.

"Nous connaissons un responsable chrétien au sein du gouvernement", a déclaré mon précieux ami néo-zélandais dans un ultime effort pour aider.

Nous avons conduit pendant des heures pour le rencontrer et lui raconter mon histoire. Quelques jours plus tard, il nous a contactés.

"Vous devez quitter la Nouvelle-Zélande immédiatement", dit-il gravement. "Avez-vous un visa de voyage pour un autre pays ?"

Il était clair qu'il essayait de me protéger afin que je ne sois pas renvoyé en Arabie Saoudite et que je meure à coup sûr. Il m'a informé que le gouvernement néo-zélandais allait bientôt m'ordonner de me rendre à l'ambassade saoudienne pour remplir les documents officiels en vue de l'obtention d'un visa. Je n'en croyais pas mes oreilles ! Ils voulaient que je me rende à ma mort, que je rencontre le gouvernement saoudien pour être découpé en morceaux ! Ce n'est pas une théorie. Jamal Khashoggi - le journaliste américain d'origine saoudienne - a été assassiné et démembré en 2018 après avoir été dirigé vers un consulat saoudien pour obtenir des documents. Ce seul fait est la preuve que le gouvernement saoudien ment pour attirer puis détruire ses citoyens dissidents. Je connaissais Jamal. Lui et moi étions en contact pendant près d'un an avant son assassinat, au cours duquel je lui ai fait part de la Bonne Nouvelle de Jésus, bien qu'il ne soit pas intéressé.

Cet ordre était une menace flagrante, et je savais que je ne reviendrais pas vivant d'une telle visite, alors j'ai refusé. Le gouvernement saoudien a alors essayé de me racheter. Sachant que je n'avais pas de biens, ils m'ont offert une bourse complète et un salaire mensuel pour moi et mon futur conjoint en échange de mon silence et de la rupture de tout lien avec le christianisme. Ma réponse a été brève : "Rien ne peut me séparer de l'amour de Dieu, pas même votre argent sans valeur".

Je n'avais plus qu'une seule option prudente : fuir vers la nation la plus puissante du monde, l'Amérique. Mes chasseurs n'oseraient pas me chasser là-bas.

Avec beaucoup de larmes et une grande tristesse, j'ai dit au revoir à ma famille néo-zélandaise. Mon départ a été particulièrement difficile pour ma mère spirituelle dont le chagrin m'a complètement brisé le cœur.

"Ce n'est pas un adieu", lui dis-je, en essayant de la réconforter. "Nous serons bientôt ensemble !"

Je suis allé acheter un billet d'avion en ligne, mais chaque fois que j'ai choisi un siège, mon choix a été refusé. Après deux heures au téléphone avec le centre d'assistance de la compagnie aérienne, on m'a dit qu'ils ne pourraient pas m'aider et que je devais consulter en personne quelqu'un à l'aéroport. Je suis arrivé le lendemain avec l'homme qui m'avait conduit au Christ à Auckland.

Après une longue attente, la femme au guichet a appelé son supérieur hiérarchique qui lui a dit : "Désolé, nous vous avons déjà attribué une place".

J'étais abasourdi !

Le superviseur m'a alors remis un billet sur lequel il a entouré une série de lettres : SSSS.

Il n'a rien dit d'autre.

Une carte d'embarquement marquée des lettres SSSS (Secondary Security Screening Selection) signifie que vous êtes, littéralement, marqué pour un examen approfondi. Ce code indique que votre nom figure sur une liste hautement confidentielle, la "Selectee List".

J'ai regardé mon père spirituel, mon esprit s'emballe en pensant aux horreurs à venir. Nous avons prié, puis j'ai rapidement tout effacé de mon téléphone. Je ne voulais pas mettre en danger les personnes qui étaient connectées à moi. Mon père spirituel a continué à prier alors que nous marchions vers le département de l'immigration.

L'agent d'immigration a souri à tous les passagers, leur souhaitant un vol sûr. Puis est venu mon tour.

Elle m'a fait le même sourire et m'a demandé : "Où allez-vous aujourd'hui, monsieur ?"

S.O.S.

"Aux États-Unis d'Amérique", lui ai-je répondu, en faisant correspondre son sourire et en lui remettant mon passeport.

Toujours souriante, elle a piqué mon passeport avec sa machine. D'un seul coup, son sourire a disparu. Ses pupilles se sont dilatées. Quelque chose de grave était apparu sur son écran. D'un mouvement robotique, elle a lentement pris le téléphone et a murmuré quelque chose. Avant que je ne sache ce qui se passait, un essaim d'agents de l'immigration m'avait encerclé. Ils ont saisi mon passeport et m'ont ordonné de les suivre. En utilisant ma montre intelligente, j'ai envoyé un message S.O.S. demandant aux croyants de prier. J'étais sûr que mon parcours avait été détourné de l'Amérique vers le Royaume d'Arabie Saoudite. Mais, confiant que le plan de Dieu était parfait quoi qu'il arrive, j'ai marché calmement et avec confiance vers la salle d'interrogatoire.

Aussitôt la porte claquée derrière moi, on me jette sur une chaise. Des questions ont été crachées de toutes parts, comme une grêle de missiles. Au milieu des bombardements intenses, j'ai réussi à demander un avocat, mais ma demande a été rejetée car j'étais sur le sol international.

"Pourquoi pensez-vous que vous êtes si spécial ?" grogna l'un des officiers.

"Parce que je crois en Jésus", ai-je répondu.

"Depuis quand crois-tu en Jésus ?" aboya un autre.

En respirant, j'ai commencé à leur dire mon témoignage de foi en Jésus-Christ. J'étais prêt à être livré à mes ennemis, prêt à mourir ; mais d'abord, je voulais que cela soit enregistré. Et c'est ainsi que cela a été enregistré : un récit joyeux de tout ce que le Seigneur avait fait pour moi.

Après quatre heures d'interrogatoire intense, il semble que l'on ait délibérément retardé mon embarquement pour la liberté.

"Vous êtes profilé comme un chrétien extrémiste", ont-ils dit, "malvenu en Nouvelle-Zélande". Mais", ont-ils poursuivi, "nous vous autoriserons à vous rendre aux États-Unis. Vous n'avez enfreint aucune loi, et cela nous le respecterons."

15 | LIBERTE

Je serai heureux et me réjouirai de ton amour indéfectible, car tu as vu mes ennuis, et tu te soucies de l'angoisse de mon âme. Tu ne m'as pas livré à mes ennemis, mais tu m'as mis en sécurité.
PSAUME 31,7-8

Deux officiers m'ont escorté jusqu'à la porte d'embarquement puis jusqu'à mon siège dans l'avion. Tous les yeux le long du chemin me regardaient avec plus ou moins d'intérêt et d'inquiétude. Une fois qu'ils m'ont coincé entre deux passagers samoans géants qui m'ont paru être des agents de bord, le vol de douze heures a commencé. Les maréchaux n'ont pas bougé une seule fois pendant tout le voyage, même pas pour utiliser les toilettes, ce qui signifie que je n'ai pas utilisé les toilettes non plus. De plus, il y avait un siège vide à côté de l'un d'eux, ce qui aurait permis aux deux ensembles d'épaules gigantesques et à ma poitrine comprimée de respirer librement. Hélas, ils ont choisi la disposition des sièges sandwich d'Ahmed. Bien que je n'aie jamais revu ces hommes, leur présence écrasante a laissé une impression indélébile (et probablement physique) sur mon cœur.

Lorsque nous avons atterri aux États-Unis, j'ai commencé à me préparer à la fouille de la cavité qui ne manquerait pas de se produire ; même si mon âme a poussé un soupir de grand soulagement d'être enfin sur le sol américain. Je me suis approché de l'agent d'immigration en m'attendant au pire - si la Nouvelle-Zélande m'avait détenu pendant quatre heures, combien de temps encore les États-Unis me garderaient-ils en interrogatoire ?

"Comment allez-vous aujourd'hui ?" demanda l'officier, joyeusement.

"Bien", ai-je répondu, en parlant comme un moyen de renforcer l'impact d'un taureau qui charge. "Comment allez-vous ?"

"Super !" dit-elle avec un sourire. "Maintenant, si vous voulez bien placer vos doigts ici, sur ce scanner, nous aurons besoin de vos empreintes."

C'est ce que j'ai fait. Et puis, après avoir rapidement tamponné mon passeport et me l'avoir rendu, elle m'a dit : "Bienvenue en Amérique !"

Je me suis figé.

Après quelques instants, mes yeux se sont mis à flâner de gauche à droite, se demandant de quel angle l'attaque surprise allait se produire, mon cerveau a déclaré : "Sérieusement ? Vous n'allez pas m'interroger ? Vous devez aimer les chrétiens extrémistes comme moi !"

Remarquant mon état de congélation, l'officier m'a touché chaudement sur la manche et m'a dit : "Monsieur, vous êtes libre de partir".

"Merci beaucoup !" J'ai pleuré si fort qu'on aurait presque pu dire que c'était un cri.

Enfin, je me suis dit, je suis libre !

UNE CHANCE D'OBTENIR L'ASILE AUX ÉTATS-UNIS

La première étape consistait à se rendre en Amérique ; ceci accompli, il me fallait maintenant trouver un abri et des provisions. J'ai contacté certains des chrétiens qui avaient appris à connaître le Christ lors de ma dernière visite ministérielle à Fremont, en Californie. Ils m'ont accueilli avec joie et se sont occupés de moi pendant plusieurs mois au cours desquels j'ai parlé dans des églises, encouragé mes frères et sœurs en Christ et poursuivi mon évangélisation en ligne.

On m'avait délivré un visa de six mois, j'ai donc engagé un avocat chrétien et j'ai demandé l'asile à la Sécurité intérieure le Vendredi saint 2018. Plus de vingt personnes du monde entier ont envoyé des déclarations sous serment, témoignant de ma foi chrétienne et affirmant leur connaissance ou leur ferme conviction qu'un retour en Arabie Saoudite signifierait pour moi une exécution en vertu de leurs lois sur l'apostasie. En tant qu'ancien observateur de telles décapitations, ni moi ni aucun de mes témoins assermentés n'avions le moindre doute que cela m'arriverait. En outre, grâce à la loi sur la liberté de l'information, j'avais la preuve de la demande internationale d'extradition vers l'Arabie saoudite ainsi que du rejet de cette demande par le gouvernement néo-zélandais.

Moins d'un mois plus tard, j'ai été contacté par mon avocat.

"J'ai des nouvelles très inhabituelles pour vous", a-t-il déclaré. "Vous avez une réunion avec la Sécurité intérieure dans quelques semaines. Normalement", a-t-il poursuivi, la tension grandissant dans sa voix, "une personne pourrait attendre quatre - peut-être cinq - ans pour une réunion avec l'USCIS. Je n'ai jamais rien vu de tel. Personne n'obtient de rendez-vous moins d'un mois après avoir postulé ! Cela peut être très bon ou très mauvais".

Lentement, j'ai raccroché le téléphone.

Bon ou mauvais ? Quoi qu'il arrive, tout est bon (Rom 8,28) ! Mais sur le plan humain, je découvrirai bientôt que c'est très mauvais. Ma demande d'asile a été rejetée.

En réfléchissant à la procédure, je n'ai pas vraiment été surpris que l'on ne m'accorde pas l'asile. De nombreux protocoles ont été violés lors de mon entretien. À mon arrivée, l'agent d'immigration m'a appelé par mon nom complet, là, en public, annonçant mon nom à tous dans le hall du bureau de la sécurité intérieure des États-Unis. Mon avocat, choqué, m'a immédiatement regardé et m'a dit : "Il n'est pas censé faire ça ! C'est une violation de votre vie privée !"

"Que puis-je faire ?" J'ai répondu.

Nous sommes entrés dans la salle d'interrogatoire et mon avocat a tenté de présenter une vidéo de moi à la Mecque priant au nom de Jésus et évangélisant les musulmans qui s'y trouvaient, mais l'agent d'immigration a refusé de la regarder. Mon avocat a insisté sur le fait qu'il s'agissait d'une preuve importante démontrant ma foi en Jésus et d'une raison pour que le gouvernement saoudien me condamne à mort. Pourtant, l'officier n'était pas du tout intéressé.

L'interview a commencé. Avec un discours froid et laconique, l'officier a fouillé dans mes souvenirs traumatisants, ne montrant aucune sympathie, même de l'indifférence, comme il l'a fait. J'ai raconté de manière concise de nombreux événements tels qu'ils sont relatés dans ce livre : mon éducation au centre de l'Islam à la Mecque, ma conversion au christianisme à 19 ans, la grande persécution que j'ai subie dans les États du Golfe, les innombrables coups infligés par la police religieuse et la torture, prouvée par les cicatrices que je lui ai montrées, comme celles de mon corps ou celles de mon visage qui le fixait. J'ai parlé des nombreuses tentatives d'assassinat dont j'ai été victime, à commencer par celle commise par mon propre père, jusqu'à ce que je sois pourchassé par des terroristes islamiques qui, à deux reprises, m'ont poursuivi avec un SUV et des tirs de mitrailleuse alors que je conduisais.

Tant de preuves avaient été présentées à l'avance : vingt et une déclarations sous serment de témoins oculaires, des vidéos de certains des incidents, des impressions de mes sites web bloqués et des piles de photos, toutes corroborant ce que j'avais maintenant répété dans cette interview. Il était clair que cet officier n'avait pas préparé mon entretien et n'avait étudié aucune des preuves.

Au milieu de l'entretien, l'agent a commencé à dire des choses comme : "Votre témoignage n'est pas crédible. Je ne vous crois pas. "Parlant parfois sur un ton cruel et moqueur, il a contesté : "Vous inventez tout cela pour pouvoir rester aux États-Unis." Il a finalement porté une accusation des plus déplacées et a dit : "Vous n'êtes pas un vrai chrétien, n'est-ce pas ?"

L'entretien s'est poursuivi pendant plus de deux heures de la manière la plus douloureuse. Finalement, une fois que l'officier a décidé qu'il en avait assez, il s'est levé et a saisi la main de mon avocat, l'a approché et a commencé à lui chuchoter à l'oreille. Mon avocat m'a dit plus tard que l'officier avait exprimé en autant de mots sa conviction que j'étais un menteur. Il s'est alors tourné vers moi et m'a dit :

"Reviens dans deux semaines. Nous aurons alors votre décision".

Je suis parti ce jour-là avec un sentiment de malaise. Au bout de deux semaines, j'ai appris la nouvelle : L'asile est refusé. Avec une grande incrédulité, j'ai lu ce qui suit :

> Les demandeurs d'asile doivent établir de manière crédible qu'ils ont subi des persécutions dans le passé ou qu'ils craignent avec raison d'être persécutés à l'avenir en raison de leur race, de leur religion, de leur nationalité, de leur appartenance à un groupe social particulier ou de leurs opinions politiques et qu'ils méritent l'octroi de l'asile dans l'exercice de leur pouvoir discrétionnaire.
>
> Pour la ou les raison(s) indiquée(s) ci-dessous, l'USCIS n'a pas accepté votre demande d'asile :
>
> *Persécution passée*
> Vous n'avez pas établi que les préjudices que vous avez subis dans le passé, en considérant les incidents individuellement et cumulativement, constituent une persécution.
>
> *Persécution future*
> Vous n'avez pas établi qu'il existe une possibilité raisonnable que vous soyez persécuté à l'avenir.

Vingt et une déclarations sous serment de témoins oculaires affirmant mon témoignage chrétien, des vidéos et des photos, ainsi que de nombreuses persécutions passées, y compris des tortures et des tentatives de meurtre, attestées jusque dans la chair mutilée de mon dos et les cicatrices sur mon visage, n'ont pas été considérées comme des preuves suffisantes ! De plus, la loi saoudienne stipule explicitement que tout ressortissant saoudien qui ne suit pas l'Islam sera exécuté. Un retour en Arabie Saoudite signifierait une mort certaine. Pourtant, l'officier a fait preuve d'un parti pris injuste et non professionnel, niant la montagne de preuves qui lui était présentée. Des moments comme celui-ci peuvent faire se sentir impuissant et vaincu, trop faible pour aller de l'avant, mais la Bible nous enseigne que dans notre faiblesse, la force du Christ est la plus évidente (2 Cor 12,10).

En effet, j'étais particulièrement faible car même certains chrétiens doutaient de mon histoire. Certains disaient : "Son histoire n'est pas vraie !" D'autres chuchotaient dans mon dos : "Le gouvernement américain en sait plus que nous ; c'est pourquoi ils ont rejeté son cas." Au lieu de me montrer de la compassion et de prier pour moi, ils ont jugé mon coeur comme les amis peu aimables de Job. Bien que je me sois senti abandonné, je n'étais pas seul. J'ai crié au Seigneur : "Rends-moi justice, Jésus, car je n'ai dit que la vérité." Il a entendu ma prière.

Heureusement, les États-Unis d'Amérique sont toujours le pays des libres et la patrie des braves. C'est la terre qui a abrité les puritains lorsqu'ils ont fui la persécution, un pays régi par l'État de droit - et, en raison de cette règle, j'ai eu la possibilité de faire appel de ma décision et je l'ai fait immédiatement.

UNE LOI DU CONGRES

J'ai été orienté vers un autre avocat près de Washington D.C., spécialiste et expert des affaires d'immigration comme la mienne.

Après avoir examiné la première décision, elle a déclaré : "Cela démontre un parti pris évident. Tout le monde peut voir clairement que l'Arabie Saoudite a une persécution écrasante contre tous ses citoyens qui se convertissent au christianisme".

Elle a déposé en mon nom auprès du bureau américain de l'immigration et m'a recommandé d'enrôler mes amis aux États-Unis pour les aider à contacter leurs représentants élus. Je n'avais aucune idée de la façon dont cela fonctionnerait, mais je faisais entièrement confiance au Seigneur pour qu'il fasse ce qui était juste selon sa volonté. J'ai été abandonné et soumis à Jésus, quoi qu'il arrive.

Nous rions quand nous disons que certaines choses nécessitent une action du Congrès pour être faites. Eh bien, ma deuxième interview a vraiment pris un acte du Congrès ! Mes frères et sœurs américains en Christ ont commencé à contacter leurs représentants au Congrès et leurs sénateurs. Après une période d'attente relativement brève, j'ai ouvert ma boîte aux lettres pour trouver une lettre qui m'était adressée par un sénateur des États-Unis, dans laquelle il s'engageait à travailler en mon nom. En fait, plusieurs sénateurs et membres du Congrès américain ont déposé une demande d'enquête du Congrès en mon nom. Le plus étonnant était le fait qu'ils étaient de partis politiques différents ! Tirés des deux côtés de l'allée, ils travaillaient maintenant ensemble sous la direction de mon Père céleste ! À ma grande joie, j'ai reçu une réponse rapide du Bureau de l'immigration des États-Unis :

> Le dossier de M. Joktan a fait l'objet d'une demande de retour de la part du Bureau du conseiller juridique principal, et le dossier a été examiné. M. Joktan a été convoqué pour un entretien supplémentaire le [date] au bureau d'asile de [ville américaine].

Nous avons fait appel au Congrès, et grâce aux prières du peuple de Dieu dans le monde entier, j'ai obtenu une deuxième interview. Cet "acte du Congrès" était un autre miracle que Dieu a fait pour moi. Mon avocat a été stupéfait ! Normalement, il faut plusieurs mois pour obtenir une réponse à une enquête du Congrès - mais nous servons un Dieu grand et puissant !

Mon avocat est arrivé de Washington, D.C. Avec mon pasteur et quelques amis, nous avons été informés de ce qui nous attendait et de la façon de nous préparer pour le lendemain. Je savais que le Seigneur de toute justice - le Dieu de Daniel, Schadrac, Méschac et Abed-Nego - aurait son chemin dans les tribunaux des hommes.

Nous sommes arrivés tôt au bureau de l'immigration et, après avoir passé la sécurité, nous avons immédiatement remarqué qu'ils avaient reconfiguré la salle d'attente de manière à protéger la vie privée des demandeurs d'asile, à la demande de mon avocat. À notre grande joie, nous avons également constaté qu'un nouvel agent avait été affecté à mon dossier, un agent extrêmement plus accommodant et incroyablement aimable. Alors que l'agent précédent n'était pas du tout familier avec mon cas, et était plutôt antagoniste, ce nouvel agent a déclaré qu'il avait lu attentivement toutes les déclarations sous serment, maintenant au nombre de quarante, attestant de ma foi en Jésus-Christ et des graves persécutions dont j'ai été victime dans le pays de mon enfance et au-delà. Il était très attentionné et attentif à obtenir les détails précis de ma situation.

J'ai témoigné de ma foi en Christ pendant plus de deux heures. Mon pasteur a également témoigné, partageant des informations de première main sur ma persécution et leur fournissant des témoignages oculaires solides et convaincants recueillis auprès de personnes qui avaient vu ma voiture accidentée, ainsi que de ceux qui m'avaient formé à l'évangélisation en Californie.

Après un total de trois heures, mon avocat a fait ses déclarations finales. D'après tout ce que nous avons pu dire, mon entretien n'aurait pas pu mieux se passer. Avant de partir, notre groupe s'est donné la main dans la salle d'attente pour rendre gloire et louange à Dieu qui m'avait montré sa miséricorde et sa faveur pour la cause du nom de Jésus. Nous nous réjouissions ! Notre prière s'est terminée par un joyeux "Amen". Lorsque nous avons levé les yeux, nous avons vu un travailleur du bureau de l'immigration qui nous écoutait.

"Je veux juste ajouter mon Amen à votre prière", a-t-elle dit. "C'était magnifique. Dieu m'a profondément touchée. Merci."

"Louez le Seigneur !" s'écria mon pasteur.

"Louez le Seigneur !" a-t-elle acclamé en retour.

Ouah ! Le peuple de Dieu est partout !

Pas même un jour plus tard, mon dossier d'asile a été accepté, et je suis maintenant sous la protection juridique des États-Unis d'Amérique ! Habituellement, cette procédure peut prendre plusieurs années, mais dans mon cas, elle a duré moins d'une journée. Le Tout-Puissant a entendu nos prières et sa protection et sa prise en charge dépassent l'imagination ! Je le dis avec David dans le Psaume 118 :

> Que tous ceux qui craignent le Seigneur répètent : "Son amour fidèle dure pour toujours". Dans ma détresse, j'ai prié le Seigneur, et le Seigneur m'a répondu et m'a libéré. Le Seigneur est pour moi, je n'aurai donc aucune crainte. Que peuvent me faire de simples personnes ? Oui, le Seigneur est pour moi, il m'aidera. Je regarderai en triomphe ceux qui me

haïssent. Il vaut mieux se réfugier dans le Seigneur que de se fier aux gens. Il vaut mieux se réfugier dans le Seigneur que de se fier aux princes. Bien que des nations hostiles m'aient entouré, je les ai toutes détruites avec l'autorité du Seigneur. Oui, ils m'ont encerclé et attaqué, mais je les ai tous détruits avec l'autorité du Seigneur. Ils ont essaimé autour de moi comme des abeilles ; ils ont flambé contre moi comme un feu crépitant. Mais je les ai tous détruits avec l'autorité du Seigneur. Mes ennemis ont fait de leur mieux pour me tuer, mais le Seigneur m'a sauvé. Le Seigneur est ma force et mon chant ; il m'a donné la victoire.

UNE FEMME D'EN HAUT

Il y a un détail important que je ne mentionnerai qu'en passant. C'est la meilleure partie. Pendant mon séjour aux États-Unis, le Seigneur m'a accordé l'un des désirs de mon cœur : une belle femme pieuse qui s'est tenue fidèlement à mes côtés. Bien sûr, derrière chaque grande histoire d'amour, il y a une histoire d'amour étonnante, surtout lorsque le Seigneur est impliqué. Et c'est cette histoire que je veux vous raconter !

La Bible nous dit que "tout don parfait vient d'en haut, du Père des lumières" (Ja 1,17, ESV), et cela inclut le don du mariage.

Voyant que mes années de jeunesse s'écoulaient, mon pasteur m'a encouragé à me marier. Je lui ai dit que je n'avais encore trouvé personne de convenable, ce à quoi il m'a répondu que Dieu ferait un chemin, qu'il avait en réserve un cadeau précieux rien que pour moi. Mais quelle femme épouserait un homme défiguré, me suis-je demandé ? Surtout une qui avait été musulmane auparavant.

Réponse : ma femme.

15 | Liberté

Je me souviens de la première fois que je l'ai vue. Notre rencontre a commencé par un site de rencontre en ligne que mon pasteur a aidé à mettre en place. J'ai écrit avec humour que quiconque lisait ma page pouvait blâmer mon pasteur. J'ai ajouté que pour qu'une date se produise, j'aimerais que chacun de nous cite son chapitre préféré de la Bible.

Après plusieurs semaines de conversations numériques, j'ai suggéré que nous nous rencontrions en personne. Nous avons organisé un groupe : elle a amené un ami qui sera plus tard l'une de nos demoiselles d'honneur, et j'ai amené mon pasteur, qui est un ami si cher et si proche de moi qu'il fait pratiquement partie de la famille.

Nous sommes allés dîner tous les quatre, et là, comme elle l'avait dit, ma future épouse a récité tout un chapitre de l'Écriture, Romains 8 ; car je voulais que celui que je courtisais soit sérieux à l'égard du Seigneur. De même, lors d'une réunion ultérieure, j'ai récité 2 Corinthiens 4. C'était le début d'une période au cours de laquelle nous avons appris à nous connaître à fond, par des discussions ouvertes sur les choses importantes, de ce qu'est Jésus pour chacun de nous à ce à quoi devrait ressembler, selon nous, un mariage sain. Bien que nous n'ayons pas prévu de nous marier dès le premier jour, notre relation a rapidement évolué dans ce sens. Nous avions chacun un partenaire responsable (le mien était mon pasteur, et le sien était une chrétienne mûre de son église) qui nous a aidés à réfléchir de manière biblique sur notre relation et à honorer Dieu dans nos actions.

Pour elle, ma vie devait être entièrement transparente ; ainsi, quelques semaines seulement après notre première rencontre en ligne, mon pasteur lui a donné l'histoire de ma vie sous la forme d'une première ébauche de ce même livre.

Je me suis demandé si ma vie passée en tant que musulmane ne serait pas un obstacle ou une distraction pour notre relation. Il s'est avéré qu'elle m'a reçu comme un véritable frère en Christ, mort dans mon ancienne vie et vivant dans le Seigneur.

Le jour est enfin venu de rencontrer ses parents. Elle leur avait raconté bien avant notre rencontre mon histoire, que je suis un musulman d'Arabie Saoudite devenu chrétien ; et à cela, selon ma femme, son père a déclaré : "Il dit qu'il est chrétien. Mais je vais vous dire une chose : un musulman ne mangerait jamais de porc. Il a un test à passer. Il doit manger du porc devant moi ! Alors je croirai qu'il n'est vraiment plus musulman !"

Il ne le savait pas, mais depuis que je suis devenu chrétien, le porc braisé est devenu l'un de mes aliments préférés.

Nous nous sommes rencontrés au déjeuner, et son père n'a pas perdu de temps pour lancer son test. Il a commandé des côtelettes de porc.

J'ai dit à la serveuse : "Je vais prendre exactement ce qu'il a commandé."

Bien que j'aie été enthousiaste pour le repas, je n'étais pas conscient qu'il était accompagné d'un grand récipient de sauce incroyablement salée. Je n'y pensais pas du tout et j'ai versé tout le récipient sur mes côtelettes de porc. Mais, voulant gagner l'approbation de son père, j'ai joyeusement mangé chaque bouchée salée !

J'ai ensuite partagé mon témoignage de foi. Son père était ému, mais peut-être plus impressionné par mon appétit pour le porc salé. En conclusion, il m'a donné son approbation, en disant "D'accord ! Il est partant !"

Mon beau-père m'a dit plus tard qu'il m'avait aimée dès le moment où il m'a vue et que j'étais une réponse à ses prières pour qu'un homme pieux épouse sa fille.

Nous avons fixé une date pour un mariage à la fin de l'été - c'était avant mon premier entretien d'asile, lorsque nous avions cru que j'avais un cas de "slam dunk". Lorsque l'affaire a été rejetée, je lui ai laissé toute liberté de mettre fin à notre fréquentation et de s'en aller ; elle n'a pas voulu. À trois reprises, je lui ai demandé si elle pensait que notre relation était vraiment la volonté de Dieu. Et trois fois, elle a dit oui !

Le jour de notre mariage est enfin arrivé. Quelle joie d'avoir une femme qui est une véritable amie, une sœur en Christ et une aide dans le ministère ! Je ne suis pas digne d'être marié à une femme aussi pieuse.

Ce jour-là, ma famille de toujours est venue des quatre coins du monde. Bryan, le pasteur qui a été le premier à partager l'Evangile avec moi, a accepté de célébrer notre mariage. Les pasteurs de nos églises locales ont aidé pour le reste de la cérémonie. Bien que je sois renié par ma propre famille saoudienne, ma famille éternelle en Jésus du monde entier a pris le rôle de ma vraie famille et s'est tenue à mes côtés le jour de mon mariage. Des gens étaient venus de toute l'Afrique, de l'Asie, du Moyen-Orient, de l'Europe, de l'Australie et de la Nouvelle-Zélande pour se joindre à la célébration. C'était comme le paradis sur terre, avec des gens de toutes les tribus, de toutes les langues, de toutes les familles et de toutes les nations. Quelle joie aussi d'avoir l'honneur de baptiser ma femme le lendemain de notre mariage et de marcher ensemble dans la lumière du Christ.[16]

---

[16] Elevée dans la foi toute sa vie en tant que presbytérienne, la femme d'Ahmed a décidé de se faire baptiser par immersion.

LA CITOYENNETE ROMAINE

Paul avait la citoyenneté romaine qu'il utilisait au profit du royaume du Christ. La version d'aujourd'hui est la citoyenneté américaine. Après avoir obtenu l'asile, je suis en passe de faire partie de la plus grande nation du monde.

Ce monde n'est pas ma maison. En tant que chrétien, ma "citoyenneté est au ciel, d'où nous attendons aussi avec impatience le Sauveur, le Seigneur Jésus-Christ" (Phil 3,20). Mais tant que je suis sur cette terre, je suis très reconnaissant des privilèges et de l'abri que m'a accordés cette nation bien-aimée, mon pays d'adoption. Il existe en Amérique un État de droit qui repose sur l'éthique judéo-chrétienne. Grâce aux protections qui me sont accordées par la constitution américaine, y compris la liberté de religion, je peux faire ce que je ne pouvais pas faire lorsque je vivais en Arabie Saoudite : prêcher l'Évangile librement et ouvertement à chaque créature. Cela inclut l'utilisation des nouvelles cybertechnologies qui me permettent d'être en Arabie Saoudite et dans bien d'autres endroits grâce à la vidéo et à l'audio, d'évangéliser, de discipliner et d'aider à l'implantation d'églises, même si je ne peux pas y être physiquement.

16 | DEVOIRS ENVERS LES PERDUS

Mon ambition a toujours été de prêcher la Bonne Nouvelle là où le nom du Christ n'a jamais été entendu.
ROMAINS 15,20

Comment un musulman vient-il au Seigneur Jésus-Christ ? Ce n'est certainement pas la chair et le sang qui révèlent le Christ (Mt 16,17; 2 Cor 4,4). Le même Esprit qui m'a aidé à comprendre l'Evangile est le même Esprit qui doit ouvrir les yeux spirituels du monde musulman par la Parole de Dieu. "De sa propre volonté, il nous a fait sortir par la parole de la vérité" (Ja 1,18a, ESV).

Lorsque vous rencontrez un musulman ordinaire, la plupart ne sont pas du tout radicaux. Cependant, si vous vous renseignez sur leur foi, ils vous orienteront très probablement vers un leader de l'islam, un imam (comme un pasteur), quelqu'un de beaucoup plus versé dans le Coran. Presque tous les leaders islamiques penchent vers une doctrine extrême et attaquent les croyances du christianisme, comme le Coran et les traditions islamiques (Hadith) leur enjoignent de le faire.

Jésus nous commande d'être sages comme des serpents et inoffensifs comme des colombes (Mt 10,16). Nous ne devons pas jeter nos précieuses perles de vérité aux cochons et aux chiens, car ils se retourneront contre nous et nous déchireront (Mt 7,6). Comment donc évangéliser correctement les perdus ? Que nous soyons musulmans, athées ou chrétiens, nous sommes appelés à aimer les perdus. "Celui qui n'aime pas ne connaît pas Dieu, car Dieu est amour" (1 Jn 4,8).

Nous commençons à faire l'expérience de la passion de Dieu pour les perdus lorsque nous nous souvenons et agissons en accord avec le commandement persistant de Jésus d'aimer : Aimez Dieu de tout votre cœur (Mt 22,37) ; aimez votre prochain (Mt 22,39) ; aimez-vous les uns les autres comme la famille de Dieu (Jn 13,34-35) ; aimez même vos ennemis (Mt 5,44).

1 Corinthiens 13 est l'explication la plus profonde de l'amour : "L'amour est patient et bon. L'amour n'est pas jaloux ou vantard ou fier ou grossier. Il n'exige pas sa propre voie. Il n'est pas irritable, et il ne garde aucune trace de ses torts. Il ne se réjouit pas de l'injustice, mais se réjouit lorsque la vérité l'emporte. L'amour n'abandonne jamais, ne perd jamais la foi, est toujours plein d'espoir et perdure en toute circonstance" (13,4-7).

En ce qui concerne l'évangélisation, nous devons nous rappeler que l'amour n'est jamais grossier envers une personne et agir en conséquence. Nous devons toujours nous approcher d'une âme perdue avec un profond respect pour cette personne, car elle est faite à l'image de Dieu et aimée par lui.

Jésus communiquait avec les gens selon son propre niveau de compréhension. Il rencontrait les gens là où ils se trouvaient. Parmi les Juifs, il parlait d'une manière convaincante à leur esprit intellectuel, citant les lois qu'ils connaissaient bien et démontrant la parfaite réalisation de ces lois en lui. Avec les païens, il ne parlait pas comme il le faisait avec les Juifs, des lois qu'on ne leur avait jamais enseignées ni suivies, mais plutôt d'une manière pratique pour leur vie, touchant leur compréhension en se mettant en relation, lui et son travail, avec les choses qu'ils connaissaient de leur vie quotidienne, comme l'agriculture ou le bergage. Jésus a toujours trouvé un terrain d'entente avec les perdus pour les réconcilier avec le Père. Il est notre professeur personnel (Mt 23,10) et notre exemple pour atteindre les perdus.

J'admire beaucoup Paul pour son équilibre entre douceur et audace. Considérez Romains 1 dans lequel il loue les qualités et les actions admirables du peuple, comme il le fait également dans Actes 17. En se mettant en rapport avec les gens à leur niveau, en leur montrant qu'il se souciait suffisamment d'eux pour les connaître intimement, il pouvait communiquer efficacement la Bonne Nouvelle. Alors, pourquoi essayons-nous d'inventer une nouvelle façon d'atteindre les gens pour le Christ ? Les exemples de Jésus et des apôtres ne sont-ils pas suffisants ? L'Évangile n'a pas changé. La Bonne Nouvelle n'a rien perdu de sa puissance. Et les portes de l'enfer ne prévaudront jamais contre le Royaume du Christ.

"Mais comment peuvent-ils faire appel à lui pour les sauver s'ils ne croient pas en lui ? Et comment peuvent-ils croire en lui s'ils n'ont jamais entendu parler de lui ? Et comment peuvent-ils entendre parler de lui si personne ne leur dit rien ? Et comment quelqu'un ira-t-il leur dire sans être envoyé ? C'est pourquoi les Écritures disent : 'Que les pieds des messagers qui apportent de bonnes nouvelles sont beaux !'" (Rom 10,14-15). Les musulmans tuent et sont tués pour le salut de leur âme. Qui va partager l'Évangile avec eux ? Qui leur présentera le vrai Isa ? Qui a la responsabilité de les évangéliser ? Quelle est votre responsabilité et la mienne ?

QUEL EST NOTRE DEVOIR ENVERS LES PERDUS ?

Le dieu de ce monde est aux commandes de ceux qui ne croient pas en Jésus. Il leur aveugle les yeux (2 Cor 4,4). Jésus a dit : "Ton œil est comme une lampe qui éclaire ton corps. Lorsque ton œil est sain, ton corps entier est rempli de lumière. Mais quand ton oeil est en mauvaise santé, tout ton corps est rempli de ténèbres. Et si la lumière que vous pensez avoir est en fait l'obscurité, combien cette obscurité est profonde !" (Mt 6,23). Comme il est étonnant que Jésus puisse ouvrir des yeux aveugles ! Il a dit : "Je suis la lumière du monde. Si vous me suivez, vous n'aurez pas à marcher dans les ténèbres, car vous aurez la lumière qui mène à la vie" (Jn 8,12).

En ce moment, les musulmans du monde entier pensent que tuer un chrétien signifie servir Allah. Ils s'écrient : "Allahu Akbar !" (Allah est plus grand) quand ils tuent en son nom. Mais notre Seigneur Jésus, qui a prédit de tels événements il y a deux mille ans, a apporté son réconfort en disant : "Vous serez expulsés des synagogues [lieux de rassemblement], et le temps viendra où ceux qui vous tueront penseront qu'ils rendent un saint service à Dieu" (Jn 16,2). Et pourquoi Jésus a-t-il dit cela il y a des milliers d'années ?" Je vous ai dit ces choses afin que vous n'abandonniez pas votre foi" (Jn 16,1).

Nous ne devons pas fuir pour dire la vérité à ceux qui nous persécutent, car nous sommes, très probablement, les seuls qui leur diront l'amour de Jésus. Nous devons faire ce que Jésus nous ordonne : "Allez donc, de toutes les nations faites des disciples, les baptisant au nom du Père, du Fils et du Saint-Esprit, et leur apprenant à observer tout ce que je vous ai prescrit. Et voici que je suis avec vous tous les jours, jusqu'à la fin du monde" (Mt 28,19-20, ESV).

Ce commandement ne signifie pas "allez à l'église" ou "allez à l'étude de la Bible", même si ce sont de bonnes choses. Au contraire, Jésus nous ordonne de quitter nos zones de confort et de proclamer hardiment son nom à ceux qui n'ont jamais entendu parler de lui ou de son plan de salut. Nous devons être prêts à risquer nos vies, nos richesses, notre réputation - tout ! - pour l'amour de la croix et du Jésus perdu qui a appelé à y venir.

De nombreux chrétiens quittent en effet des pays sûrs, comme les États-Unis, pour travailler dans des endroits dangereux, comme l'Arabie saoudite. Ils partent avec beaucoup de zèle, voulant raconter aux autres la Bonne Nouvelle de Jésus mort pour nous donner la vie. Mais, malheureusement, trop d'entre eux sont pris par les responsabilités professionnelles et la pression de gagner de l'argent, négligeant ainsi cette haute vocation. La peur s'installe facilement. Ils savent que s'ils sont pris à parler de Jésus, ils perdront leur emploi et seront immédiatement renvoyés dans leur pays d'origine. Certains peuvent même perdre la vie, mais cela ne doit pas décourager les chrétiens d'évangéliser.

Les chrétiens qui se rendent dans des endroits comme mon pays doivent prêcher l'Evangile, quelles qu'en soient les conséquences, car notre Dieu est Jéhovah-Jireh, le Dieu qui pourvoit à tous nos besoins. Si nous allons travailler pour lui avec obéissance, nous pouvons subir des pertes, mais il pourvoira à nos besoins. Nous devons avoir l'attitude de notre Sauveur dans Matthieu 9,36-38 (ESV) : "Quand il vit les foules, il eut pitié d'elles, parce qu'elles étaient harcelées et sans défense, comme des brebis sans berger. Il dit alors à ses disciples : 'La moisson est abondante, mais les ouvriers sont peu nombreux ; priez donc instamment le maître de la moisson d'envoyer des ouvriers dans sa moisson.'" Souvent, ceux qui prient pour les ouvriers deviennent les ouvriers que Dieu envoie.

Il est fort probable qu'aucun des terroristes du 11 septembre n'ait jamais entendu dire que Jésus était mort pour leurs péchés. Et si les chrétiens travaillant dans le monde islamique avaient partagé l'amour du Christ avec eux ? Le Seigneur peut sauver n'importe qui, mais "comment l'entendront-ils sans un prédicateur ?" (Rom 10,14). Nous ne devons pas nous concentrer sur les trésors du monde - l'argent, le pouvoir, le prestige ou le dernier objet à la mode - mais plutôt sur la mise en place de trésors dans le ciel où les mites et la rouille n'ont pas le pouvoir de détruire.

Quelle devrait être notre réponse ? Il n'est pas nécessaire d'aller dans un pays musulman pour obéir à la Grande Commission. Allez dans les mosquées de votre ville natale ou de votre quartier et dites-leur l'Évangile dans un esprit d'amour et de vérité, en obéissant au deuxième plus grand commandement : aimer son prochain comme soi-même. Comme nous sommes égoïstes de cacher les richesses du Christ et de ne pas offrir la vie éternelle à tous nos voisins, y compris les musulmans ! Jésus dit que nous sommes la lumière du monde ! Nous devons laisser sa lumière briller à travers nous ! Une lumière ne doit pas être cachée sous un panier !

Maintenant que vous avez compris la grande obscurité et l'aveuglement qui entourent les plus de deux milliards de musulmans dans le monde, je prie pour qu'aujourd'hui vous entendiez le Seigneur vous dire "Allez !" Dans Marc 16,15, Jésus dit : "Allez dans le monde entier et prêchez la Bonne Nouvelle à tous." Si nous désobéissons à cet appel, un vaste groupe de personnes restera dans l'obscurité. Le Christ est un puissant Sauveur, capable de sauver les pécheurs les plus endurcis, et nous sommes ses mains et ses pieds. C'est sa volonté que nous annoncions son Évangile au monde, y compris à deux milliards de musulmans, pour les amener au Christ.

Quand le Fils de l'homme reviendra, combien de fidèles trouvera-t-il sur la terre qui se sont fiés à ses paroles (Lc 18,8) ? Combien obéissent à son ordre de "partir" ? Vous trouvera-t-il fidèles ?

QUE PUIS-JE FAIRE MAINTENANT ?

Abandonnons à nouveau la puissance de l'amour du Christ, abandonnant nos rêves et ambitions terrestres. La vie chrétienne, c'est le Christ. Son cœur bat dans la poitrine de chaque croyant. Mobilisons-nous pour annoncer l'Évangile à tous les habitants de la terre, y compris aux musulmans. Après le 11 septembre et l'avènement de l'ISIS, les musulmans voient enfin la laideur de leur fausse religion et viennent au Christ en grand nombre. Regardez ce que le Seigneur fait dans les régions musulmanes les plus difficiles du monde ! Alors que la persécution chrétienne se répand en Iran, en Syrie, en

Égypte, au Nigeria, en Ouganda et au Mali, les rapports faisant état de millions de musulmans venant au Christ sont nombreux.

Dieu ne veut pas qu'il y en ait qui périssent. Êtes-vous si prêt ? Que pouvez-vous faire ? Beaucoup de choses :
- Priez pour que les musulmans des pays islamiques du monde entier viennent au Christ.
- Faites un voyage de courte durée en Arabie Saoudite et partagez le Christ.
- Soutenir les missionnaires et les agences (comme La Mecque au Christ et les Navigators) qui soutiennent l'évangélisation des musulmans et envoient des travailleurs dans les pays musulmans.

UN PARADIGME DE GRACE

Comment allons-nous atteindre les perdus ? Il existe de nombreuses croyances secondaires et théologies systématiques qui divisent les chrétiens entre les différentes confessions. Des questions comme le baptême, le gouvernement de l'église, les dons de signes, etc. sont des choses importantes à comprendre et à discuter entre croyants. Mais tous les chrétiens sont unis en Christ par l'Évangile (Eph 2,11-22). Nous prêchons le même Évangile dans toutes les véritables églises chrétiennes : Jésus est Dieu et il est mort pour pardonner aux pécheurs, en payant le prix que nous n'avons jamais pu payer pour tout le mal que nous avons fait. En y croyant et en demandant au Christ ressuscité de pardonner personnellement tout péché et de prendre sa vie en main, par la foi en l'accomplissement de cela, tout le monde peut être sauvé. Les pécheurs peuvent être faits devant un Dieu saint par le sang de Jésus. C'est l'Évangile.

Divisions

Certains sont prêts à diviser le Corps du Christ pour leurs propres opinions théologiques. Leurs exigences ne s'alignent pas sur celles de la Bible, et ils promeuvent une évangélisation qui est uniquement selon leur voie. Nous pouvons facilement devenir tribaux en promouvant notre théologie confessionnelle préférée devant le Christ. Il ne devrait pas en être ainsi, car il n'y a qu'un seul corps, composé de plusieurs parties.

L'unité ne signifie pas l'uniformité. Jésus a prié pour l'unité dans sa prière en Jean 17. Nous devons enseigner la Parole, ligne après ligne, précepte après précepte. Mais nous ne devons pas perdre de vue le cœur du problème. Nous ne sommes pas appelés à promouvoir nos propres théologies favorites et à attaquer les autres chrétiens. Si nous sommes vraiment des enfants de Dieu, nous devrions vivre avec une bonne conscience et être pleinement persuadés dans notre propre esprit de tout ce qui se trouve dans la Parole de Dieu (Rom 14,5). Et sur les questions secondaires, nous devons d'abord nous aimer les uns les autres. L'humilité est l'essence du fruit de l'Esprit. Quiconque fait la volonté de notre Père qui est aux cieux est notre frère, notre soeur et notre mère (Mt 12,50). Nous devons nous aligner de cette manière sur ceux qui sont vraiment nés de nouveau en Christ, et non par de simples croyances confessionnelles.

Compromis

Une ligne rouge a été tracée pour nous par les apôtres : "Malheur à moi si je n'annonce pas l'Évangile" (1 Cor 9,16, ESV). L'apôtre Paul poursuit en traçant cette ligne : "Je suis devenu tout pour tous les hommes, afin d'en sauver quelques-uns par tous les moyens" (1 Cor 9,22).

Paul s'est engagé à mettre en valeur les cultures des autres peuples et nations, mais il ne compromettrait jamais l'Evangile pour le faire. "Malheur à moi", disait-il, "si je fais des compromis et que je n'annonce pas l'Évangile !"

Appliquons ce principe à l'évangélisation des musulmans. Allah signifie simplement "dieu" en arabe, mais cela ne signifie pas que l'Allah du Coran et le Dieu de la Bible chrétienne sont le même être. Si je veux atteindre les musulmans par la tromperie, en disant qu'Allah et le Christ sont un seul et même être comme un compromis, j'assimile un faux dieu au seul vrai et vivant Dieu. Ce serait un peu comme le compromis de Jéroboam qui a érigé un autel au veau d'or et a appelé ce veau d'or Yahvé (1 R 12,25-33).

Allah n'est pas plus Dieu que ne l'était le veau d'or ; tous deux sont de faux dieux et des idoles. Cependant, citer le Coran n'est pas un compromis. Ma propre conversion est passée par le pont de l'utilisation du Coran en premier ! En fait, parler aux musulmans en connaissant leurs textes sacrés peut vous rendre plus crédible aux yeux de ces derniers, en gardant les rênes de la conversation entre vos mains, et en les aidant à comprendre qui est Isa grâce à certains versets importés dans le Coran depuis le Nouveau Testament.

Grace

Dans cette perspective, nous devrions avoir un paradigme de grâce pour tous nos frères et sœurs en Christ, vraiment nés de nouveau, prêchant l'Évangile et répandant la Bonne Nouvelle dans le monde entier, constituant l'Église de Jésus. C'est l'élément central de l'Évangile que Jésus est mort pour les pécheurs coupables, pour les justifier et leur pardonner devant un Dieu saint. Toute personne qui regarde Jésus comme un sauveur, qui a confiance en sa mort sur la croix et qui croit qu'il est ressuscité des morts pour notre salut sera sauvée. Quelle est cette grâce ? Elle se trouve dans Marc 9,38-41 :

> Jean a dit à Jésus : "Maître, nous avons vu quelqu'un utiliser ton nom pour chasser les démons, mais nous lui avons dit d'arrêter parce qu'il n'était pas dans notre groupe". "Ne l'arrêtez pas !" Jésus lui a dit. "Personne qui accomplit un miracle en mon nom ne pourra bientôt dire du mal de moi. Quiconque n'est pas contre nous est pour nous. Si quelqu'un vous donne ne serait-ce qu'une tasse d'eau parce que vous appartenez au Messie, je vous le dis en toute vérité, cette personne sera sûrement récompensée.

Jésus s'adresse à nous tous en disant : "Je ne vous ai pas appelés à vous battre entre vous, mais plutôt à aller partager l'Evangile. Le but n'est pas de débattre de la théologie ou des détails. Une bonne théologie est absolument nécessaire, mais c'est un moyen pour arriver à une fin. Une personne doit être saine dans l'Evangile, mais l'humilité nous apprendra que nous sommes tous malsains dans un domaine ou un autre, même si nous ne nous en rendons pas compte. Faisons preuve de grâce envers ceux qui divergent sur des questions secondaires, à condition qu'ils soient clairement nés de nouveau, engagés dans l'Évangile clair, et qu'ils connaissent l'amour et la grâce de Jésus. Si quelqu'un fait avancer le royaume du Christ et non le sien, nous ne devons empêcher personne de proclamer son nom. Dieu utilise des églises confessionnelles ainsi que des églises indépendantes, mais tous les vrais chrétiens font partie du Corps du Christ. L'unité de l'Esprit doit être le sang qui coule à travers chacun de nous.

17 | QUE FAIRE ALORS ?

Les paroles de Pierre leur ont transpercé le cœur, et ils lui ont dit, ainsi qu'aux autres apôtres : "Frères, que devons-nous faire ? Pierre leur répondit : "Chacun de vous doit se repentir de ses péchés et se tourner vers Dieu, et être baptisé au nom de Jésus-Christ pour le pardon de ses péchés. Vous recevrez alors le don du Saint-Esprit. Cette promesse est pour vous, pour vos enfants et pour ceux qui sont loin - tous ceux qui ont été appelés par le Seigneur notre Dieu". Ensuite, Pierre a continué à prêcher pendant longtemps, exhortant fortement tous ses auditeurs à "se sauver de cette génération tordue !" Ceux qui ont cru ce que Pierre a dit ont été baptisés et ajoutés à l'église ce jour-là, environ 3 000 en tout.
Actes 2,37-41

PAR LE PASTEUR D'AHMED

Dieu est en mouvement et sauve chaque jour des gens comme Ahmed dans les pays musulmans. Nous savons que la puissance de Dieu ne peut être libérée que par une présentation claire et sage de l'Evangile. "Comment entendront-ils sans prédicateur ?" (Rom 10,14). C'est ce qui a motivé Ahmed à créer un nouveau ministère dont le but est d'atteindre les musulmans et les gens de toutes sortes avec l'Évangile de Jésus. La Mecque au Christ a été fondé pendant les appels d'asile d'Ahmed Joktan afin d'atteindre les musulmans et tous les peuples avec l'amour de Jésus, tant aux États-Unis que dans le monde entier. Le message de l'Évangile seul est puissant pour sauver tous ceux qui veulent croire.

STATISTIQUES

On estime à plus de 3,5 millions le nombre de musulmans vivant aux États-Unis, et ce nombre augmente chaque année de 20 000.[17] Qui ira ? 100 000 à Dearborn, dans le Michigan. 270 000 dans l'État du New Jersey. 500 000 à Chicago. Il y a des populations musulmanes dans les 50 États.

Dans le monde entier, les statistiques sont encore plus stupéfiantes. Aujourd'hui, il y a plus de 2 milliards de musulmans dans le monde, soit environ 25 % de la population mondiale. Dans le monde, dix millions de musulmans se convertissent au christianisme chaque année.[18] Qui les rejoindra pour le Seigneur Jésus-Christ ?

---

[17] Muhammad, Besheer. "New estimates show U.S. Muslim population continues to grow." Centre de recherche Pew. 3 janvier 2018. Consulté le 27 septembre 2018. http://www.pewresearch.org/fact-tank/2018/01/03/new-estimates-show-u-s-muslim-population-continues-to-grow/.
[18] Duane A. Miller. "Believers in Christ from a Muslim Background: A Global Census" Academia.edu. 2015. Consulté le 27 septembre 2018. https://www.academia.edu/16338087/Believers_in_Christ_from_a_Muslim_Backgro und_A_Global_Census.

LA MECQUE AU CHRIST INTERNATIONAL

La Mecque au Christ se consacre à atteindre les musulmans pour le Christ de diverses manières.

L'évangélisation aux États-Unis

Ahmed et son équipe s'engagent à se rendre auprès des populations musulmanes des États-Unis pour répandre l'amour de Jésus par l'évangélisation sous toutes ses formes : visite des gens au porte-à-porte, visite des campus universitaires, et aller partout pour proclamer l'Évangile. Bien entendu, nous sommes appelés à évangéliser chaque personne. Ainsi, bien qu'Ahmed et son équipe aient l'expertise nécessaire pour annoncer la bonne nouvelle aux musulmans, ils ont un fardeau à porter pour tous ceux qui ont besoin du Christ.

Équiper les églises

Ahmed a un profond désir de voir les églises équipées pour évangéliser les musulmans. Il aime partager avec les églises des États-Unis et du monde entier ce que le Seigneur a fait pour le faire passer de l'Islam au Christ. C'est aussi une période où les églises peuvent être formées à l'évangélisation de divers groupes de personnes, en mettant l'accent sur l'évangélisation des musulmans. Nous proposons des formations et des instructions sur la manière d'atteindre des groupes de toutes sortes. Comment atteindre les hindous, les témoins de Jéhovah, les athées, etc. pour le Christ ? Nous souhaitons donner à l'église les moyens d'être audacieuse et efficace lorsqu'elle s'adresse à de tels groupes et à d'autres dans ce monde pluraliste et post-moderne, et donner aux croyants les outils nécessaires pour faire briller la lumière du Christ dans toutes les formes de ténèbres.

L'évangélisation en Arabie Saoudite

Bien que nous ayons heureusement pu y envoyer des équipes d'évangélisation depuis 2015, l'Arabie Saoudite était un pays fermé aux touristes jusqu'en 2019. Les guerriers de prière vivant en Arabie Saoudite priaient jour et nuit pour que les bastions des ténèbres soient levés. Ils priaient pour que le Saint-Esprit fasse avancer l'Evangile en Arabie Saoudite. Aujourd'hui, nous pensons qu'une fenêtre d'opportunité s'est ouverte où le royaume d'Arabie Saoudite est prêt à recevoir l'Evangile de Jésus-Christ. Nous pouvons maintenant envoyer des touristes en Arabie Saoudite avec l'Évangile.

Pourquoi envoyer des groupes de chrétiens comme missionnaires à la Mecque ? Tout d'abord, la Mecque est le berceau de l'Islam. Chaque jour, des centaines de milliers de musulmans se rendent à la Mecque pour y faire la *Omra* (visite). Certains d'entre eux vont et viennent dans la même journée depuis leurs lointaines maisons à travers le monde. Lorsque les musulmans viennent à la Mecque, ils arrivent le cœur brisé. Ce ne sont pas des terroristes radicaux. Ce sont des gens normaux, ordinaires, comme vous et moi, malheureusement égarés par la fausse religion de l'Islam, qui ont tout vendu pour trouver Dieu à la Mecque afin de connaître celui qui les a créés. On leur a appris que la maison de Dieu est à la Mecque. Ils ne sont pas arrogants, mais ignorent plutôt le vrai Dieu vivant. Ils sont ouverts à l'écoute de presque tout le monde, ce qui fait de la Mecque l'un des plus grands champs de mission du monde entier.

Nous voulons atteindre les musulmans de la Mecque pour Jésus-Christ afin qu'ils puissent eux aussi répandre le véritable Évangile dans le monde. Une fois qu'ils auront accepté le Christ, ils pourront porter les graines de la vérité à leurs propres familles et à leurs voisins et devenir les ambassadeurs du Christ. C'est l'œuvre de Dieu : sauver les voyageurs qui se rendent à la Mecque pour qu'ils puissent porter la bonne nouvelle à leur propre peuple. Souvent, ces nations musulmanes sont complètement fermées aux missionnaires chrétiens, mais Dieu peut facilement faire l'impossible. Ainsi, nous pouvons et nous atteindrons les régions les plus éloignées du monde pour le Christ.

Au cours des deux premières années de La Mecque au Christ, nous avons aidé plus de 800 missionnaires à court terme à la Mecque, en Arabie Saoudite, en provenance de diverses régions du monde : les États-Unis, l'Europe et l'Asie. Comment cela a-t-il été possible ? Ce qui est impossible pour l'homme est possible pour Dieu. Les chrétiens qui ne sont pas citoyens du Royaume d'Arabie Saoudite sont invités à visiter les États du Golfe lors de voyages de courte durée. Cela permet à des personnes de nombreuses nations d'y voyager avec l'Évangile à la traîne, et grâce à l'aide de chrétiens travaillant dans la clandestinité, des missionnaires de courte durée peuvent y prêcher la Bonne Nouvelle.

De nombreuses personnes dans cette région parlent déjà l'anglais, et celles qui ne le parlent pas peuvent entendre grâce à un interprète. Mais comment cela est-il possible ? Le christianisme n'est-il pas contraire à la loi ? Oui et non. Il est vrai que si un citoyen des États du Golfe se convertit au christianisme, il ou elle peut être mis à mort. Cependant, les étrangers sont autorisés à pratiquer leur foi en privé. Il y a également une ouverture dans la culture à travers laquelle l'Évangile peut être prêché aux musulmans : le mandat culturel de l'hospitalité. Si vous êtes un visiteur chrétien en Arabie Saoudite et que vous rencontrez un musulman dans ce pays, il est culturellement approprié qu'il vous pose trois questions : 1) Quel est votre nom ? 2) D'où venez-vous ? 3) Quelle est votre religion ? Cette valeur culturelle de vous accueillir au sein de leur communauté est très importante pour les musulmans. Elle est tout à fait appropriée après que vous vous soyez présenté, que vous ayez expliqué d'où vous venez, que vous leur ayez fait savoir que vous êtes chrétien et que vous ayez proclamé l'Evangile de Jésus.

Étonnamment, cette méthode d'évangélisation chrétienne est parfaitement conforme à la charia. L'hospitalité culturelle impose de poser à un étranger plusieurs questions importantes, et cet étranger a, selon la loi saoudienne, tout à fait le droit de répondre comme bon lui semble. C'est légal et ce n'est pas considéré comme du prosélytisme.

Si vous souhaitez être missionnaire à court ou long terme en Arabie Saoudite, vous êtes invité à demander une candidature par l'intermédiaire de La Mecque au Christ. Nous espérons que vous vous joindrez ainsi à notre mouvement d'obéissance à la Grande Commission. Dieu a envoyé son Fils du ciel à la terre pour mourir pour vous et moi afin que nous puissions obtenir une grâce non méritée. Veuillez réfléchir sérieusement à la manière dont vous pouvez diffuser l'Évangile aux musulmans en proclamant le Christ en Arabie saoudite. Vous êtes le plan A de Dieu - il n'a pas de plan B !

Ministère des médias sociaux

Quand Ahmed ne voyage pas, il évangélise activement par le biais de ministères en ligne. Il proclame régulièrement le Christ aux musulmans par l'intermédiaire d'applications de médias sociaux conçues pour les musulmans. Nous avons également un site web d'évangélisation pour ceux qui cherchent le Christ en Arabie Saoudite et nous recherchons actuellement des partenaires ministériels qui nous aideront à envoyer des Nouveaux Testaments en arabe à des adresses spécifiques dans les États du Golfe.

Ministère de l'édition

Ahmed a à cœur de produire des matériaux qui permettront à la fois d'équiper l'église et d'évangéliser les musulmans. *De la Mecque au Christ* est le livre inaugural de La Mecque au Christ, mais de nombreuses autres publications sont prévues.

Ministère de l'action médicale

Nous faisons confiance à Dieu pour qu'une équipe médicale aux côtés du Dr Ahmed se rende un jour là où les musulmans ont été dévastés par la guerre. Nous savons que leur seul espoir viendra si nous partageons l'Evangile avec eux.

VOTRE ROLE

Peut-être ne pouvez-vous pas parcourir une grande distance pour proclamer le Christ à la Mecque. Que pouvez-vous faire ?

Priez. Le plus grand engagement que vous puissiez prendre pour faire avancer l'Évangile de Jésus dans les communautés musulmanes est de prier spécifiquement pour ces communautés. Priez pour les millions de personnes qui se rendent en pèlerinage à la Mecque chaque année afin qu'elles abandonnent leur quête de la Mecque et commencent leur voyage avec le Christ. Priez pour les musulmans de votre propre communauté et demandez à Dieu des moyens de vous engager avec eux.

Soyez accueillants. L'hospitalité est un enseignement très important dans la Bible et une partie importante de la culture orientale, qui a été en grande partie perdue en Occident. Vous pouvez faire preuve d'hospitalité envers les musulmans simplement en étant amical avec eux. Regardez-les dans les yeux avec un sourire et saluez-les avec joie. Apprenez à les connaître en tant qu'amis. Invitez-les chez vous. Montrez-leur l'amour du Christ avant de leur enseigner son amour. Aux États-Unis, nombreux sont ceux qui regardent les musulmans avec suspicion en raison des événements du 11 septembre. Les chrétiens doivent leur montrer la voie de l'amour, non seulement par des mots, mais aussi par des actes. Il existe également d'autres ministères, comme celui de La Mecque au Christ, par lequel vous pouvez aider les musulmans d'origine à se loger et à répondre à d'autres besoins.

Equipez-vous. Il existe quelques autres ministères, comme Ministries to Muslims qui se consacrent à la formation des chrétiens afin de faire connaître l'amour de Jésus aux musulmans. Edward Hoskins est l'auteur de deux livres: "A Muslim's Heart : What Every Christian Needs to Know to Share Christ with Muslims" et "A Muslim's Mind : What Every Christian Needs to Know About the Islamic Traditions", lesquels vous aideront à vous lancer dans l'évangélisation des musulmans. En outre, le ministère de La Mecque au Christ aimerait envoyer Ahmed et son équipe dans votre église pour non seulement former et équiper les croyants, mais aussi pour les faire sortir dans votre communauté et mettre en place un programme d'évangélisation.

Donnez ! Si vous souhaitez faire un don à La Mecque au Christ, vous pouvez vous associer à nous par le biais d'un don unique ou d'un soutien financier régulier. Votre partenariat nous aidera à mettre en relation les professeurs de la Bible avec l'église persécutée en Arabie Saoudite et les chrétiens persécutés dans le monde musulman.

Allez ! Participez à un voyage de missions de courte ou de longue durée. Si vous en êtes capable, envisagez de vous rendre à la Mecque pour le Royaume de Jésus. C'est une chose de prier pour que des pays et des nations soient sauvés, mais c'en est une autre d'obéir au commandement du Christ d'aller prêcher l'Évangile dans des pays lointains. Si le Seigneur vous a donné le désir et la capacité d'aller à la Mecque pour prier, visiter et parler aux musulmans dans le besoin, faites-le nous savoir. Certains de ceux qui viennent en visite peuvent donner une présentation claire de l'Évangile, et d'autres ne peuvent que prier. Ces deux types de visites sont indispensables pour toucher les musulmans du monde entier.

LE DERNIER MOT D'AHMED

Je suis un chrétien vivant, qui respire, converti et sauvé de l'Islam uniquement parce que mon Seigneur Jésus-Christ est mort pour moi et est ressuscité. Il m'a pardonné et m'a transformé par la puissance de sa résurrection. Il m'est apparu, et je me suis rendu à lui comme Seigneur et lui ai fait confiance comme mon seul Sauveur. Je souhaite que tous les peuples du monde adorent mon Seigneur et Sauveur Jésus-Christ. Voulez-vous vous joindre à moi dans cette quête pour faire avancer la Bonne Nouvelle de Jésus dans le monde entier ?

Annexe 1 | LES DEBUTS ET LES ENSEIGNEMENTS DE L'ISLAM

Il [Jésus] appelle ses propres brebis par leur nom et les conduit dehors. Après avoir rassemblé son propre troupeau, il marche devant eux, et ils le suivent parce qu'ils connaissent sa voix. Ils ne suivront pas un étranger, ils le fuiront parce qu'ils ne connaissent pas sa voix.
JEAN 10,3-5

Le 11 septembre 2001, dix-neuf militants associés au groupe extrémiste islamique Al-Qaida ont détourné quatre avions et perpétré des attentats suicides ciblés dans le cadre de l'attaque terroriste la plus meurtrière sur le sol américain. Deux avions se sont écrasés sur les tours jumelles du World Trade Center à New York, un troisième a frappé le Pentagone juste à l'extérieur de Washington D.C., et un quatrième s'est écrasé dans un champ en Pennsylvanie. Un peu moins de 3 000 personnes ont été tuées lors des attaques du 11 septembre, dont plus de 400 policiers et pompiers. Cet acte de terreur, catalyseur de près de deux décennies de guerre en cours, avait été perpétré au nom de l'Islam.

Pourquoi plusieurs membres de ma propre tribu voudraient-ils assassiner autant de personnes innocentes ?

Comment quelqu'un peut-il commettre des crimes aussi odieux au nom d'Allah ? Pour répondre à cette question, examinons l'histoire de l'Islam.

L'ESPRIT ORPHELIN DE L'ISLAM

Muhammad est né vers 570 après J.-C. dans la ville de la Mecque, sur la péninsule arabique, où se trouve actuellement l'Arabie saoudite. Son père est mort avant sa naissance et, après sa naissance, Muhammad a été confié à une infirmière qui l'a élevé loin de sa famille pendant les trois ou quatre premières années de sa vie. À l'âge de six ans, il a subi la grande tragédie de la perte de sa mère (Coran 93,6). Son grand-père l'a ensuite recueilli mais il est mort deux ans plus tard, laissant Muhammad orphelin. Il sera ensuite recueilli par son oncle comme un serviteur déshonoré plutôt que comme un enfant adopté.

Ce début difficile affecterait l'enseignement de Mahomet dans son intégralité, car l'esprit et l'attitude de l'Islam sont ceux d'un orphelin,[19] avec un grand manque d'empathie à la base des enseignements du Coran. Le cœur de Muhammad a été brisé, et son désespoir et son fatalisme se reflètent dans ses paroles. Au centre de l'Islam se trouve le cœur orphelin de Muhammad, projeté sur sa compréhension d'Allah. Un autre point important à noter concernant l'éducation de Muhammad est le suivant : tout au long de son enfance, on pense qu'il n'a jamais reçu d'éducation formelle et qu'il était analphabète. Tout son apprentissage s'est fait par mémorisation orale.

---

[19] L'adoption dans l'Islam a finalement été rendue illégale parce que Muhammad voulait marier sa belle-fille à son fils adoptif Zaid (*cf.* Coran 33,37-38). Il a également souffert en tant qu'orphelin et, par conséquent, voulait que d'autres personnes goûtent à la même souffrance.

UNE RELIGION DE PAIX OU DE HAINE ?

L'environnement désertique et le terrain montagneux autour de Mahomet étaient rudes, et la région était relativement isolée du reste du monde. Cependant, de nombreuses religions étaient présentes dans cette région, les villes de la Mecque et de Médine étant remplies de Juifs et de païens. Seuls quelques chrétiens engagés vivaient dans la péninsule arabique, mais des monastères et des communautés chrétiennes fleurissaient le long des routes commerciales environnantes. Les guerres tribales étaient fréquentes et la croyance en des êtres surnaturels tels que les anges, les démons et les créatures mystiques appelées *djinns* ou génies était répandue.

À l'âge de neuf ans environ, Mohammed s'est rendu dans ce qui est aujourd'hui la Syrie pour faire du commerce. Là, un chrétien nestorien[20] nommé Bahira (également connu sous le nom de Sergius le moine) l'a invité à un repas au monastère local où Muhammad a fait preuve d'une grande gentillesse et d'une grande hospitalité. Au début du Coran, on peut constater la double mentalité de son enseignement, avec à la fois de la gratitude et de l'amour pour les chrétiens et de la haine pour les juifs et les païens (*cf.* Coran 5,82). Ce passage semble rappeler le genre de traitement que Mohammed a reçu du moine qui l'avait aidé dans son enfance ; pourtant, dans le même chapitre, il est dit aux musulmans de ne pas se lier d'amitié avec les chrétiens ou les juifs (Coran 5,51). Muhammad semble déchiré entre ses bons souvenirs de la bienveillance du moine chrétien à son égard et son propre

---

[20] Le nestorianisme enseignait que les natures humaine et divine de Jésus étaient tellement séparées que Jésus de Nazareth était différent de ce qu'il était devenu lorsqu'il était habité par l'Esprit du Christ. L'humain et le divin étaient deux personnes différentes.

désir de massacrer toute personne non dévouée à Allah : une lutte interne qui apparaît clairement dans tout le Coran.

Cela explique pourquoi la plupart des musulmans dans le monde (environ 70 %) veulent réellement vivre en paix. Pourtant, les musulmans radicalisés, peut-être 30 % des adeptes de l'islam, peuvent lire le même Coran et être remplis d'assez de haine pour commettre les crimes du 11 septembre. L'enseignement du Coran, comme nous le verrons, n'est pas monolithique ; il est tout à fait contradictoire et constitue une représentation exacte de la pensée confuse et contradictoire de Mahomet.

LES FEMMES ET LES ENFANTS DE MAHOMET

Quand il était jeune, Muhammad a occupé de nombreux emplois différents. Comme il venait d'une famille très pauvre et que son oncle ne pouvait pas se permettre les dépenses de Muhammad, le jeune garçon est devenu gardien de bétail pour gagner de l'argent. Pour obtenir un revenu supplémentaire, il a entretenu les idoles de sa tribu et a participé à de nombreux conflits avec les tribus voisines, s'enrichissant du butin de la guerre. Mais tout cela n'a pas suffi à nourrir l'appétit de richesse et de statut social du jeune Mohammed. Un jour, une opportunité tentante s'est présentée à lui : la fin de sa pauvreté par un mariage en argent.

Quand le charmant jeune Muhammad avait vingt-cinq ans, Khadija - une riche veuve de quinze ans son aînée - est devenue captivée par son charisme et sa force, pour finalement tomber amoureuse. Elle souhaitait l'épouser, mais Muhammad n'avait pas assez d'argent pour payer son *muhar*,²¹ ce qui aurait mis sa tribu dans l'embarras. À son grand soulagement, elle a couvert les frais avec sa richesse extravagante et le mariage a été fixé.

Muhammad avait auparavant travaillé comme employé de sa femme, voyageant dans toute la région arabe et s'occupant de ses affaires. Ce premier mariage a été monogame pendant vingt-cinq ans, et le couple a eu six filles ensemble. Plus tard, beaucoup de ces filles ont été mariées aux successeurs de Mahomet qui allaient diviser l'Islam en deux grandes sectes : Sunnite et chiite. Comme nous le verrons plus loin dans ce livre, cette division était basée sur l'argent, le pouvoir et le contrôle par la famille de Mahomet.

Après la mort de Khadija, Muhammad n'est pas resté célibataire très longtemps. Aujourd'hui âgé de plus de cinquante ans, Muhammad a épousé Aisha, six ans, la fille du premier successeur religieux de Muhammad, Abubaker. Mais une seule femme ne suffisait pas à ce soi-disant prophète, car il en épousa plus de dix autres, ayant jusqu'à neuf épouses en même temps et prévoyant d'en épouser beaucoup plus. En fait, le seul obstacle qui limitait cette ambition était sa propre mort. Avec autant de détails affreux sur ces mariages, on pourrait alimenter un feuilleton moderne avec suffisamment de rebondissements et d'intrigues troublantes pour rester à l'antenne pendant des décennies.

Ce mépris de la dignité des femmes, qui est au cœur même de la structure familiale présentée dans le Coran, explique en outre le durcissement de la conscience qui se produit chez les adeptes de l'Islam. Étant donné que les femmes mariées à Mahomet étaient traitées comme des esclaves sexuelles et des

---

²¹ La tradition arabe exige le versement d'une somme d'argent à la famille de l'épouse pour qu'elle se marie, afin de montrer les capacités financières de l'homme.

non-personnes, il n'est pas étonnant que le germe sociopathique de la froideur et de l'indifférence ait continué à engendrer une suite de tueurs de sang froid.

L'INFLUENCE DE WARAKA IBN NAWFAL

À bien des égards, les enseignements fondamentaux de l'Islam proviennent d'un juif messianique du nom de Waraka ibn Nawfal, oncle du prophète Mahomet par sa première femme, Khadija, qui est devenue l'une de ses plus proches et de loin la plus influente confidente. Waraka a étudié la Bible sous la direction de juifs et de chrétiens ébionites et a traduit le Nouveau Testament en arabe. Certaines sources islamiques laissent entendre qu'il aurait également traduit l'Ancien Testament en arabe. Les chrétiens ébionites étaient originaires de la région de Nazareth, mais, tout comme les derniers Ariens et les Témoins de Jéhovah actuels, ils ne croyaient pas en la divinité du Christ et ont été expulsés en Arabie sous l'accusation d'hérésie. Waraka était à la fois un érudit et le principal chef des Ébionites de la Mecque. Malheureusement, presque toutes les mauvaises religions sont issues d'un culte chrétien.

L'histoire de la rencontre entre Waraka et le garçon Muhammad est racontée dans de nombreux livres saints musulmans secondaires (une collection de six livres primaires appelée le *Hadith*). En 576 après J.-C., Waraka a retrouvé le garçon de cinq ans perdu, errant dans la Haute-Macca. Il s'intéressa tout particulièrement au jeune Mahomet, voyant en lui des qualités de chef. Waraka passa beaucoup de temps avec Muhammad au fil des ans, lui enseignant la voie des Ebionites ainsi que la Torah ; il célébra même le mariage de

Muhammad avec Khadijah et le prépara à prendre sa place en tant que chef spirituel chrétien ébionite à la Mecque.

Lorsque Muhammad, qui a maintenant une quarantaine d'années, a annoncé pour la première fois qu'il recevait des révélations de Dieu, ces révélations étaient en grande partie des copies directes des histoires qu'il avait entendues de Waraka ibn Nawfal, comme on peut l'observer d'après son mode de parole dans le Coran.[22] Waraka a encouragé Muhammad à se considérer comme un prophète, étant entendu que tout comme Moïse avait été le prophète clé pour rappeler les Juifs à Dieu, et que Jésus avait été le prophète qui avait rappelé sa génération à Dieu, de même Muhammad serait le prophète qui rappellerait les Arabes à Dieu. Il est intéressant de noter qu'à cette époque, Muhammad ne se considérait pas comme le fondateur d'une nouvelle religion, mais plutôt comme quelqu'un qui se contentait de rappeler les gens à la foi d'Abraham, de Moïse et de Jésus.

L'INFLUENCE DEMONIAQUE SUR MAHOMET

Souvent, au moment de la révélation, Mahomet était en proie à des convulsions et à de profondes secousses. Cela peut indiquer des preuves d'influence démoniaque, voire de possession. Même enfant, il était souvent en transe, ce qu'une de ses infirmières attribuait à un contrôle démoniaque. Plus tard dans sa vie, Muhammad a admis qu'il était possédé (Coran 17,47). Le Coran parle de la magie noire comme d'un

---

[22] Les dispositifs de Satan sont les mêmes à travers les âges. Par exemple, le livre de Mormon est écrit selon le même modèle que le Coran, avec quelqu'un qui essaie de réciter et de plagier l'enseignement d'un autre. Tout comme Joseph Smith a volé et régurgité la Bible, en déformant légèrement les noms et les lieux pour le livre de Mormon, le style du Coran est clairement l'œuvre d'une autre personne, comme le montre le changement de style spectaculaire des parties du Coran écrites après la mort de Waraka.

enseignement céleste (Coran 2,102), dispensé par les anges pour aider les musulmans à surmonter leurs difficultés quotidiennes. On croit que ces mauvais anges sont les anges déchus dont parle la Bible (Es 14,12-15; Lc 10,18; Ap 12,7-17; 2 P 2,4).

Le Coran lui-même contient d'autres preuves de l'influence démoniaque. Vingt-neuf chapitres du Coran commencent par un mélange de lettres aléatoires et incohérentes. Dans la péninsule arabique, la sorcellerie utilisait des mots écrits à l'envers et les lettres étaient mélangées pour jeter des sorts. Il est possible que les lettres aléatoires du début de ces chapitres soient tirées de sorts familiers à Mahomet. Les habitants de l'Arabie à cette époque croyaient également que les *djinns,* ou génies magiques, habitaient des endroits sales et déserts tels que des maisons abandonnées et des grottes. Lorsque Muhammad a reçu la première de ses révélations, il se trouvait dans une grotte appelée Hira, et il croyait être affligé par une créature démoniaque.[23]

Seul, la nuit, dans l'obscurité totale d'une grotte abandonnée, quelque chose s'est emparé de lui, l'a serré fort et l'a secoué trois fois. Il était effrayé par cette expérience surnaturelle et pensait qu'il était sous le contrôle d'un ange déchu. Profondément alarmé, Muhammad rentra chez lui où il fut consolé par sa femme Khadijah qui le persuada que toute l'épreuve avait en fait été qu'Allah l'appelait à être prophète.

Les incidents démoniaques se sont poursuivis tels qu'ils sont consignés dans le Coran où Muhammad, tout en recevant des révélations, a prononcé ce qu'il a ensuite prétendu être

---

[23] Là encore, nous constatons que les plans de Satan ne changent pas. Par exemple, Joseph Smith a eu une rencontre similaire avec un être spirituel appelé Moroni, sans doute un démon similaire à celui qui est apparu à Mahomet, envoyé par le père de tous les mensonges.

des "versets sataniques". Ces versets ont ensuite été annulés par Muhammad au motif qu'ils étaient corrompus et influencés par Satan (cf. Coran 22,52; 53,19-26).

LA MORT DE WARAKA IBN NAWFAL

L'influence de Waraka ibn Nawfal sur Muhammad et ses révélations s'est poursuivie jusqu'à la mort de Waraka. Ce n'est pas un hasard si les auteurs des Hadith[24] notent que "les révélations ont cessé pendant un certain temps" après la mort de Waraka. La raison apparente est que Muhammad n'apprenait plus de son oncle ébionite.

La mort de Waraka ibn Nawfal, auprès de qui Muhammad avait étudié consciencieusement pendant plus de quinze ans, a été si pénible que Muhammad a voulu se suicider, comme le montre la plus importante collection de livres saints des musulmans sunnites après le Coran : le Hadith.[25] Nous l'avons lu dans le Sahih Hadith de Boukhari qui aurait été raconté par Aïcha, sa plus jeune épouse :

> Mais après quelques jours, Waraka est mort, et l'Inspiration Divine a également été interrompue pendant un certain temps, et le Prophète est devenu si triste que nous avons entendu dire qu'il avait l'intention à plusieurs reprises de se jeter du haut des hautes montagnes de la Mecque (Sahih al-Bukhari, Livre 87, Hadith 111).

En raison de l'importance de Waraka pour Mohammed, les écrits du Coran se divisent en deux genres stylistiques : les écrits pacifiques de la Mecque et les écrits haineux et violents

---

[24] *Hadith fait* référence à "ce que Mahomet a dit". Ce sont des livres saints secondaires qui soutiennent les enseignements du Coran et contiennent les paroles, les actes ou les approbations tacites valablement ou non attribués au prophète islamique Muhammad.
[25] Il y a six livres canoniques dans le Hadith et quarante-deux livres sub-canoniques.

de Médine, qui reflètent dans leurs styles distincts les événements de la vie de Mohammed.

Les versets coraniques écrits à la Mecque ont été influencés - et peut-être même dictés à Mahomet - par Waraka, qui a toujours été pacifique envers les chrétiens et les juifs. Les versets coraniques écrits à Médine, cependant, ont été compilés après la mort de Waraka ; et le style affiché dans ses versets, ainsi que sa composition et sa grammaire, montrent très clairement qu'ils ont été entièrement écrits par un auteur différent. Ici, Muhammad ne récitait plus les enseignements de son paisible mentor ; il saignait plutôt ses propres pensées haineuses. Comme on le voit à Médine, les musulmans étaient alors majoritaires, et Muhammad ne s'intéresse plus à la paix, mais plutôt à la guerre et au *djihad* (guerre sainte).

Cette compréhension de l'influence de Waraka est essentielle pour apprendre comment l'Islam peut être qualifié de religion de paix, tout en ayant pour principaux idéaux la guerre, la mort et la haine. Le message de paix et de vie en harmonie a été déformé après la mort de Waraka en une attitude de haine et de désir de destruction de tous les groupes extérieurs à l'Islam.

DE LA PAIX A LA GUERRE APRES LA MORT DE WARAKA

Encouragé par sa femme Khadijah, Muhammad a commencé à partager ses révélations avec les habitants de la Mecque après la mort de Waraka en 610 après J.-C. Muhammad leur a dit qu'Allah seul était Dieu et que Muhammad était son messager. Il n'a rencontré que de l'incrédulité car son message changeait constamment à l'époque et il était incapable d'accomplir les miracles qu'ils avaient demandés. Le Coran 16,101-102 parle de cet incident :

> Lorsque nous substituons une révélation à une autre - et Allah sait parfaitement ce qu'Il fait descendre - ils disent : "Toi, ô Mohammed, tu n'es qu'un inventeur de mensonges". Mais la plupart d'entre eux ne savent pas. Dis, ô Mohammed, "Le Saint-Esprit l'a fait descendre de ton Seigneur en vérité pour affirmer ceux qui croient et pour guider et annoncer une bonne nouvelle aux musulmans".

En l'occurrence, Muhammad a blâmé le Saint-Esprit pour les différents messages en disant : "Ce n'est pas moi qui change les versets et remplace un verset par un autre - c'est le Saint-Esprit".

Nous savons par la Bible que Dieu ne change pas (Mal 3,6) et ne vacille pas (Ja 1,17) ; par conséquent, la révélation de Mohammed ne pouvait pas venir de Dieu par l'Esprit Saint (Mc 3,29) mais du père de tous les mensonges. Il n'y a qu'un seul péché qui ne peut être pardonné : blasphémer contre le Saint-Esprit (Mc 3,28-30). Et bien que Muhammad soit coupable de ce péché, que Dieu libère et pardonne les disciples de Muhammad alors qu'ils mettent leur confiance en Jésus.

Comme Muhammad était en train de tergiverser avec son message, les habitants de la Mecque, frustrés et en colère contre lui, ont essayé de le tuer, en l'encerclant dans une des vallées de la Mecque. Pendant trois ans, ils l'ont assiégé, lui et ses partisans, lui coupant sa nourriture et ses provisions. Finalement, Muhammad et ses partisans ont échappé au siège de la Mecque et se sont enfuis vers la ville de Yathrib (rebaptisée "Medina" - littéralement, "la ville").[26] Ce voyage

---

[26] Medina est située à 270 miles au nord de la Mecque.

est devenu connu sous le nom de Hijrah, et il a marqué le début du calendrier islamique.

Au cours d'une nuit très sombre, l'occasion de la fuite de Mahomet s'est présentée. Il se faufile tranquillement entre les grottes pour éviter d'être traqué et, comme un criminel, il échappe à la prime que sa propre tribu lui a mise sur la tête avant d'arriver enfin à Médine. A son arrivée, il était reconnaissant de trouver des partisans qui avaient également réussi à échapper au siège. Aujourd'hui réfugiés, ils se sont regroupés pour s'offrir un abri et une sécurité mutuelle et se sont remémoré les horribles histoires de mauvais traitements infligés par leurs propres tribus à La Mecque. Ils aspiraient à former une nouvelle communauté, affirmant qu'Allah était plus grand que les idoles païennes de toutes les tribus. Mais avec une si petite armée et sans argent, ils n'avaient pas d'autre choix que de faire profil bas et d'attendre. Cependant, avec le charisme de Mahomet dans leur nouvelle ville de Médine, ils n'ont pas eu à attendre longtemps.

Jour après jour, le nombre de Mahomet s'est accru avec de nouveaux adeptes et des bandes de mercenaires avec lesquels il faisait des raids dans des caravanes pour financer ses opérations, prenant des pillages et des captifs pour les utiliser comme esclaves ou pour demander une rançon. Cependant, les Juifs de Médine refusèrent d'accepter Muhammad comme prophète ou messager de Dieu et ne le suivirent pas.

Piqué par ce rejet, Mohammed a modifié son message et changé de tactique. Au lieu des moyens pacifiques qu'il avait appris de Waraka, il a commencé à utiliser la force pour accomplir sa mission en soumettant ou en massacrant ceux qui s'opposeraient à lui. Il tua ou expulsa sans pitié toutes les familles juives et asservit les femmes juives comme concubines de ses troupes, ne gardant que les plus belles pour lui. Cette réponse à ses ennemis a marqué un changement majeur dans sa théologie, passant d'une théologie de paix à une théologie de grande et impitoyable violence. Les musulmans d'aujourd'hui abordent ce changement dans leurs écrits sacrés appelés "Doctrine de l'Abrogation".

JIHAD

Les raids à Médine ont été les prémices de ce que l'on appelle aujourd'hui le *djihad* (mourir pour Allah pendant que l'on tue un infidèle, ou incroyant). L'amour de Muhammad pour le djihad s'est développé une fois qu'il a pris le contrôle de Médine avec ses forces les plus puissantes ; il a utilisé le butin de la guerre pour financer son style de vie somptueux. Le djihad est la doctrine la plus importante de l'Islam. C'est la seule voie garantie vers le ciel : vous *devez* tuer pendant qu'on vous tue.

Muhammad appelle maintenant à la reconquête de la Mecque, la ville qui l'avait rejeté. A partir de ce moment, il proclama la Mecque comme centre religieux pour ses disciples, à la place de Jérusalem ; et pendant huit longues années, il se prépara à renverser la ville. Pendant huit longues années, il s'est préparé à renverser la ville, alors que sa position et sa doctrine subissaient un changement radical d'orientation, passant d'une attitude de paix à une disposition de guerre.

Les versets coraniques parlant du djihad ont été ajoutés et considérablement développés une fois que Muhammad est revenu et a pris le contrôle de la Mecque au moyen d'une armée beaucoup plus importante et plus puissante.

Désormais, les musulmans ont reçu l'ordre de ne pas se contenter de se défendre lorsqu'ils étaient lésés ou attaqués, mais de passer à l'offensive et de tuer tous ceux qui n'étaient pas soumis à Allah. Plus précisément, ils devaient amener les chrétiens et les juifs à se soumettre à l'Islam ou les mettre à mort. Ce concept vital et fondamental du djihad permet de comprendre très clairement pourquoi des attaques terroristes comme le 11 septembre seraient enseignées et encouragées directement à partir du Coran.

Considérons le passage suivant, appelé "le verset de l'épée", que la plupart des érudits musulmans, des djihadistes et des terroristes utiliseront pour justifier leurs violentes attaques :

> Mais lorsque les mois sacrés sont passés, tuez les idolâtres (*non musulmans*) où que vous les trouviez ; prenez-les, assiégez-les et guettez-les dans tous les lieux d'observation (Coran 9,5).

Ce verset annulerait plus de 114 autres versets qui prescrivent un traitement moins sévère pour les non-musulmans. L'Occident connaît cette philosophie commandée par le Coran sous le nom de terrorisme islamique, mais les musulmans la connaissent simplement comme le djihad, la guerre sainte. L'idée de "terrorisme" est également abordée dans le Coran :

> Contre eux, préparez votre force au maximum de votre puissance, y compris les coursiers de guerre, pour semer la **terreur** dans les cœurs des ennemis, d'Allah et de vos ennemis, et d'autres encore, que vous ne connaissez peut-être pas, mais qu'Allah connaît. Tout ce que vous dépenserez pour la cause d'Allah vous sera remboursé, et vous ne serez pas traités injustement (Coran 8,60).

Considérez une autre admonition troublante du Coran :

En effet, le châtiment pour ceux qui font la guerre à Allah et à Son messager et qui s'efforcent sur terre de provoquer la corruption n'est autre que d'être tués ou crucifiés ou de se faire couper les mains et les pieds de côtés opposés ou d'être exilés de la terre. C'est pour eux une honte dans ce monde ; et pour eux dans l'au-delà, c'est un grand châtiment (Coran 5,33).

Cela ressemble-t-il à une religion de paix ? Rien qu'en écrivant ce livre, je suis considéré comme un ennemi d'Allah et de son messager. Selon ce verset, les musulmans doivent me massacrer d'une manière des plus horribles, et beaucoup sont plus que disposés à le faire.

Une autre réponse cruelle à ceux qui ne croient pas est la décapitation. Le Coran 47,4 est le fondement clair des décapitations du 21e siècle qui ont choqué le monde civilisé :

> Et quand vous rencontrez des incrédules, des non-musulmans, alors que vous combattez dans le Jihad, coupez leur tête jusqu'à ce que vous les massacriez, et emmenez-les en captivité.

Le Coran 9,111 dit la même chose :

> En effet, Allah a acheté aux croyants leur vie et leurs biens en échange de quoi ils auront le Paradis. Ils se battent pour la cause d'Allah, alors ils tuent et sont tués. Il s'agit d'une véritable promesse qui le lie à la Torah, à l'Évangile et au Coran. Et qui est plus fidèle à son engagement qu'Allah ? Réjouissez-vous donc de la transaction que vous avez contractée. Et c'est cela qui est la grande réalisation.

Comment devons-nous interpréter ce verset ? Un ancien musulman, Nabeel Qureshi, qui était l'estimé auteur chrétien de *Répondre au Jihad : A Better Way Forward*, explique :

> Le Coran 9 est un ordre de désavouer tous les traités avec les polythéistes et de soumettre les juifs et les chrétiens (9,29) afin que l'Islam puisse "prévaloir sur toutes les religions" (9,33). Il est juste de se demander si les non-musulmans dans le monde sont à l'abri d'une attaque, d'une soumission ou

d'une assimilation sous ce commandement. Les musulmans doivent se battre, selon ce dernier chapitre du Coran, et s'ils ne le font pas, alors leur foi est remise en question, et ils sont comptés parmi les hypocrites (9,44-45). S'ils se battent, on leur promet l'une des deux récompenses, soit le butin de la guerre, soit le ciel par le martyre. Allah a fait un marché avec les moudjahidin qui obéissent : Tue ou sois tué dans la bataille, et le paradis t'attend (9,111).[27]

Cela clarifie également la raison pour laquelle Oussama Ben Laden, un ressortissant saoudien, et ses terroristes islamiques ont choisi le 11 septembre pour leurs attaques ; c'était pour honorer le Coran dans le Coran 9,111 qui décrit le djihad comme le seul chemin garanti vers le ciel. Essentiellement, ce qu'Oussama ben Laden a accompli le 11 septembre n'a pas seulement été le massacre de près de 3000 citoyens américains, mais aussi la création d'un rappel perpétuel aux musulmans qu'ils doivent obéir au Coran 9,111 et donner leur vie en tant que kamikazes et terroristes. C'est la plus haute revendication pour un musulman. Alors que les Américains ont des mémoriaux pour commémorer le 11 septembre, les musulmans vont au Coran 9,111 et enseignent à leurs enfants que le djihad est la raison du 11 septembre et les forment à faire de même.

De nos jours, le jihad prend des formes variées. La forme la plus graphique a été évidente le 11 septembre 2001 : le massacre à grande échelle de non-musulmans, exactement ce que l'ISIS[28] représente aujourd'hui. Pour y voir plus clair, considérez que le gouvernement saoudien possède sa propre armée de moudjahidin (ceux qui participent au djihad), officiellement sanctionnée, chargée de terroriser les non-

---

[27] Nabeel Qureshi. *Répondre au djihad : Une nouvelle approche* (Nashville : Zondervan, 2016), 42-54.
[28] ISIS est un acronyme qui signifie "État islamique" en Irak et en Syrie.

musulmans. Il s'agit d'un département officiel du gouvernement saoudien, sanctionné par le ministère de l'Intérieur.

Le djihad peut également prendre la forme moins grave et plus discrète de harcèlement en ligne, comme le piratage de sites web de non-musulmans. C'est ce qui est arrivé au site web de notre organisation de sensibilisation, meccatochrist.org. Nous avons mis en ligne une vidéo me montrant en train de partager l'Évangile à la Mecque, à la Kaaba, tout en priant à haute voix au nom de Jésus. En quelques minutes, des pirates informatiques musulmans ont attaqué notre site web et ont fait planter notre serveur hôte, détruisant ainsi des milliers d'autres sites.

Dans la loi islamique, également connue sous le nom de charia, le djihad n'est pas une suggestion, mais un ordre pour tout disciple d'Allah. Si un musulman ne poursuit pas activement la mort des infidèles, il doit au moins continuellement prier pour leur mort. Ce n'est en aucun cas une religion de paix. Il est même illégal de construire une église chrétienne dans le Royaume d'Arabie Saoudite, comme l'a récemment rapporté le Washington Times :

> Le 12 mars, le cheikh Abdul Aziz bin Abdullah, grand mufti d'Arabie Saoudite, a déclaré qu'il était "nécessaire de détruire toutes les églises de la région". Cette décision fait suite à une demande d'une délégation koweïtienne concernant une proposition de loi visant à empêcher la construction d'églises dans l'émirat. Le mufti a basé sa décision sur une histoire qui, sur son lit de mort, Muhammad a déclaré : "Il ne doit pas y avoir deux religions dans la péninsule [arabe]" [Al-Muwatta, livre 45, Hadith 18]. Ce passage a longtemps été utilisé pour

justifier l'intolérance dans le royaume. Les églises ont toujours été interdites en Arabie Saoudite.[29]

LES PILIERS DE L'ISLAM

Les piliers de l'Islam sont maintenus ensemble par la croyance au djihad. En dehors du djihad, la seule autre voie vers le ciel consiste à être un musulman fidèle, à faire de bonnes actions, etc. Mais le paradis n'est pas garanti. Les bonnes actions de l'islam sunnite sont définies par cinq piliers ; sans ces piliers, on ne peut pas être musulman du tout.

Le premier pilier est de croire qu'il n'y a qu'un seul Dieu, Allah, et que Mohammed est son messager. Connu sous le nom de Tawhid, c'est le premier pilier dans presque toutes les sectes de l'Islam. Les musulmans sont fiers de cette déclaration ; mais, malheureusement, ils n'en connaissent pas la véritable signification. Quand j'étais musulman, je pensais que je vénérais le seul vrai Dieu ; mais quand le Christ a levé le voile de mes yeux, je me suis rendu compte que tous les musulmans sont trompés. Ils se prosternent devant la Kaaba, adorant des rochers dans un bâtiment noir. La Kaaba est construite autour d'une météorite noire sacrée qui, selon les musulmans, a été placée par Abraham et Ismaël dans un coin de la Kaaba ; ils croient que c'est un symbole de l'alliance de Dieu avec Abraham et Ismaël et, par extension, avec la communauté musulmane.

---

[29] "Editorial : Destroy All Churches" (The Washington Times : vendredi 16 mars 2012), consulté le 28 février 2018.
https://www.washingtontimes.com/news/2012/mar/16/destroy-all-churches/

Pèlerins musulmans en culte à la Kaaba à la Mecque

Cette pratique d'honorer les pierres de la Kaaba est clairement empruntée au paganisme mais elle est liée à la pratique de l'Islam, ce qui contredit le culte monothéiste exclusif. De plus, la proclamation "Allahu Akbar" signifie "Allah est plus grand". Ce dicton rappelle une époque antérieure où de nombreux dieux étaient vénérés dans la région du Golfe ; Allah était l'un de ces dieux, probablement le dieu de la lune.[30] Il n'est pas simplement proclamé comme le grand ou le seul dieu, mais simplement comme le dieu le plus grand. En revanche, lorsque la Bible parle d'autres dieux, elle les déclare "sans dieu" (Dt 32,17), démasquant ainsi les racines païennes de l'Islam.

Le deuxième pilier de l'islam est de prier cinq fois par jour en faisant face à la Mecque. Lors de l'appel à la prière, toute la

---

[30] Francis E. Peters, *Muhammad and the Origins of Islam,* (Albany, NY : SUNY Press, 1994), 109.

ville est submergée par l'ordre de prier à l'oreille perçante, en faisant retentir d'énormes haut-parleurs. Lors du premier appel, qui a lieu avant le lever du soleil, alors que tout le monde dort et est en paix, les voix fortes des haut-parleurs perturbent la nuit silencieuse de la Mecque. On a l'impression que le haut-parleur est juste à côté de votre lit.

Tout au long de la journée, tout s'arrête à l'appel de la prière, tandis que la police religieuse patrouille dans la ville pour s'assurer que tous les commerces sont fermés, et que chaque âme est présente à la mosquée. Si vous ne vous dirigez pas vers la mosquée lors de l'appel à la prière, vous entendrez la police religieuse vous appeler par les haut-parleurs de ses voitures de patrouille, "Prière ! Prière !" Si vous refusez de répondre, ils vous arrêteront, vous enchaîneront et vous traîneront jusqu'au poste de police religieuse où vous risquez d'être emprisonné ou même fouetté.

Le troisième pilier est l'impôt des pauvres (*zakat* : 2,5 % du revenu). Ce don doit être versé directement à la mosquée locale, après quoi le gouvernement d'Arabie saoudite, par l'intermédiaire de son agence officielle appelée le bureau du ministère de la zakat, distribue les dons à diverses causes faisant progresser l'islam, notamment le terrorisme islamique mondial ainsi que le ministère de la *dawah*,[31] ou évangélisation islamique. En outre, les dons de la zakat sont utilisés pour soudoyer les non-musulmans afin qu'ils se convertissent à l'islam, comme l'indique le Coran (Coran 9,60).

Le quatrième pilier pour tout musulman fidèle est de célébrer le jeûne du Ramadan. Pendant le Ramadan, les musulmans se souviennent de la remise initiale du Coran à

---

[31] Ministère de l'évangélisation islamique, http://www.moia.gov.sa

Mahomet, et de nombreuses familles musulmanes profitent de cette occasion pour se faire des cadeaux, comme un Noël musulman. Le dernier jour du Ramadan (lorsque le jeûne est rompu) a toujours été mon jour préféré de l'année, car tous les membres de ma tribu m'offraient des cadeaux financiers, ce qui me donnait l'impression d'être l'enfant le plus riche du monde.

Le dernier pilier est de faire un pèlerinage à la ville sainte de la Mecque au moins une fois dans sa vie. Ce pèlerinage, appelé *hajj*, a lieu à un jour, une heure et un lieu précis. Pendant le dernier mois du calendrier islamique, des musulmans du monde entier, de toutes les tribus, langues et races, viennent dans ma ville. Les hommes ne portaient que des vêtements blancs, non cousus et unis, sans sous-vêtements ni vêtements ajustés. Les parfums sont également interdits. Une fois à la Mecque, les pèlerins envahissaient le bâtiment noir de la Kaaba, s'y prosternaient, s'accrochaient à ses murs pour recevoir des bénédictions et sacrifiaient du bétail pour recevoir l'expiation qui couvre leurs péchés. Si le hajj est accompli correctement, les pèlerins sont pardonnés et purifiés de leurs péchés, devenant ainsi aussi propres que le jour de leur naissance ! Pendant ce temps, ma ville déborderait de millions de personnes.

Pendant le reste de l'année islamique, les musulmans se rendaient à la Mecque pour participer à ce que l'on appelle la *oumrah*, un pèlerinage de moindre importance à la Mecque, pour recevoir la bénédiction d'Allah. Lorsque certains rituels sont accomplis, comme tourner autour de la Kaaba et embrasser le bâtiment qui abrite la pierre de météorite noire ou boire de l'eau bénite appelée *Zam Zam,* on pense que le pèlerinage est effectif, préparant la personne à entrer au Paradis.

Malheureusement, même si l'on remplit parfaitement tous ses devoirs en ce qui concerne les piliers, un musulman fidèle ne peut pas être sûr à cent pour cent du Paradis. Un musulman doit faire autant de bonnes œuvres que possible, car il sera jugé sur le fait que ses bonnes œuvres l'emportent ou non sur les mauvaises au jour du jugement. Aucun musulman ne peut être totalement sûr d'entrer au Paradis sur cette voie car les œuvres humaines sont très incertaines et discutables. Comme tout le monde échoue à cause du péché, personne n'est jamais installé dans sa position devant Allah. C'est l'une des raisons pour lesquelles de nombreux musulmans pratiquent un mode de vie plutôt obsessionnel-compulsif, répétant constamment leurs bonnes actions parce qu'ils ne sont jamais sûrs que leurs œuvres seront suffisamment bonnes. C'est un mode de vie qui consomme tout. Par exemple, de nombreuses personnes prient plus souvent que les cinq fois requises, car si elles ne remplissent pas précisément les cérémonies de prière, un seul faux pas signifie que leur absolution est interrompue, que leur prière est comptée comme un péché et qu'elles doivent répéter tout le processus.

La plupart des musulmans (75-85 %) sont sunnites. Les musulmans chiites ont les mêmes piliers que l'islam sunnite, mais ils en ajoutent plusieurs autres.[32] Un pilier

---

[32] Par exemple, le sixième pilier officiel de la secte chiite et le sixième pilier non officiel de l'Islam sunnite est le Jihad. La *zakat* (don annuel obligatoire de 2,5 %) est présente dans les deux, mais dans le chiisme, il existe une imposition annuelle supplémentaire, le khoums (un cinquième de vos revenus non utilisés au cours de l'année). Les khoums versés aux imams permettent aux chefs religieux d'acquérir de grandes richesses en très peu de temps.

supplémentaire est la pratique de Tabarra : exprimer la dissociation et la haine envers les incroyants.

Malgré toutes les bonnes actions qu'un musulman peut accomplir, la seule voie sûre vers le paradis dans l'Islam est le djihad : on se suicide en tuant des non-musulmans. En fin de compte, tous les piliers de l'islam reposent sur le fondement violent et impitoyable du djihad (Coran 9,111).

LES LIVRES SAINTS MUSULMANS

Le Coran est compilé à partir des révélations données à Muhammad, et les musulmans croient que c'est la parole de Dieu textuellement. Le mot "Coran" signifie littéralement "Dieu l'a dit". En Islam, le Coran est considéré par les musulmans comme le résumé de l'Ancien et du Nouveau Testament, et est supérieur aux deux selon le Coran 5,48.

Au début de son histoire, le Coran a été transmis par la récitation orale et a été conservé en mémoire, n'étant pas formellement écrit jusqu'à la montée du troisième calife[33] de l'Islam, Uthman (d. 656 après J.C.). Pendant cette période, le texte sacré était en grand danger d'être perdu ou modifié, car ceux qui l'avaient mémorisé et raconté étaient morts, s'étaient mal souvenus ou avaient reçu un enseignement incorrect. Pour garantir l'exactitude du texte, Uthman rassembla les manuscrits existants et écrivit sa version du Coran, celle-là même qui est encore lue et enseignée aujourd'hui. Uthman était tellement dévoué à sa version du Coran que tout manuscrit différent du sien était confisqué et brûlé.

Les musulmans possèdent deux collections de livres sacrés de moindre importance, le Hadith et la Sunnah. Les

---

[33] Le calife (littéralement "successeur") est le principal dirigeant civil et religieux musulman, considéré comme le successeur de Mahomet.

Hadiths sont les paroles compilées de Mahomet qu'il parlait aux gens dans la mosquée pour qu'ils les mémorisent et, si possible, les écrivent plus tard. La Sunnah est un recueil d'enseignements qui se réfère à ce que Muhammad a fait. La Sunna et le Hadith sont tous deux soumis à l'autorité du Coran.

SUNNITES ET CHIITES ET LEURS ENSEIGNEMENTS DIVERGENTS

Peu après la mort de Mahomet, deux grandes sectes de l'islam ont vu le jour : les sunnites et les chiites, factions opposées issues d'une dispute familiale pour le pouvoir. Les sunnites estiment que le successeur de Mahomet devrait être quelqu'un qui connaîtrait Mahomet intimement et suivrait de près ses enseignements. D'autre part, les chiites soutiennent que seul quelqu'un qui était dans la lignée sacrée de Mahomet devrait diriger le peuple de l'Islam. Aujourd'hui encore, dans les cercles chiites, les descendants de Mahomet sont honorés et considérés comme des porteurs de cette lignée sacrée.

Abubaker, le beau-père de Muhammad par l'intermédiaire de la jeune mariée de six ans, Aisha, a été déclaré premier calife. Cependant, le cousin et le gendre de Muhammad, Ali, souhaitait diriger la foi islamique dans la tradition chiite. Il en résulta des enseignements divergents, des dirigeants contestés et des guerres constantes entre les disciples de Muhammad, qui se poursuivent encore aujourd'hui.

Les sunnites et les chiites suivent tous deux le Coran d'Othman, mais les sunnites suivent une version du Hadith tandis que les chiites en suivent une autre.[34] Même la guerre syrienne qui fait rage au moment où j'écris est une bataille de contrôle, une dispute pour savoir quels écrits sont les plus sacrés.

Le malin veut tuer et détruire, et il a utilisé les aspirations politiques et la cupidité de la famille et des compagnons de Mahomet pour y parvenir au prix de millions d'âmes au cours des siècles. La tribu de ma famille n'était pas à l'abri de cette destruction. Ce sont tous des musulmans sunnites, la même secte de l'Islam qui s'est consacrée à des groupes terroristes radicaux tels que les Talibans, l'ISIS, le Hamas et l'AQAP,[35] entre autres.

FESTIVALS

Les musulmans célèbrent deux grandes fêtes : Le Ramadan et la Fête du Sacrifice. Le Ramadan est le principal rituel de jeûne au cours duquel tous les musulmans fidèles renoncent à la nourriture et à la boisson pendant la journée, au cours du neuvième mois du calendrier lunaire. Au lever du soleil, l'appel à la prière s'éteint et le jeûne commence. Pour les maisons qui sont trop éloignées des haut-parleurs des mosquées, il y a un canon qui se déclenche avant le lever du jour, réveillant tout le monde pour le petit déjeuner. Au coucher du soleil, le jeûne a rendu tout le monde extrêmement affamé et assoiffé, et la chaleur intense de la Mecque ne fait qu'aggraver le tourment.

---

[34] Les sunnites sont plus intéressés à suivre Abubaker (le beau-père de Muhammad) qui n'a pas reconnu les descendants de Muhammad et s'est concentré sur l'enseignement de l'Islam. Les chiites, en revanche, sont plus intéressés par le cousin et le gendre de Mahomet, Ali, qui a déclaré faire partie de la lignée de Mahomet. Le conflit entre les musulmans chiites et sunnites a continué à être une lutte pour le pouvoir, l'argent et le contrôle du centre spirituel et politique de l'Islam : la Mecque.
[35] AQAP signifie "Al-Qaïda dans la péninsule arabique".

Lorsque le soir arrive enfin, les familles se réunissent souvent pour un repas - généralement des dattes et de l'eau, servis à même le sol - et attendent avec impatience d'entendre le rugissement du canon annonçant le coucher du soleil et la rupture du jeûne, libérant tout le monde pour manger et boire. Le dernier jour du Ramadan est appelé *Aïd al-Fitter* ("Festival de la rupture du jeûne"), au cours duquel la rupture finale du jeûne est célébrée et tous les rituels se terminent.

La deuxième fête musulmane est l'*Aïd al-Adha*, la fête du sacrifice. Pendant le pèlerinage du Hadj, les musulmans sacrifient tout autour des moutons et d'autres animaux pour couvrir leurs péchés. Des rivières de sang coulaient dans les rues et couvraient la ville de la Mecque ce jour-là, se déversant des autels sur lesquels les péchés des gens et de leurs proches disparus avaient été expiés. J'entends encore mon père dire : "Ce sacrifice est fait au nom de nos grands-mères et de nos grands-pères. "Il les mentionnait par leur nom, car le sang jaillissait des moutons que nous avions offerts.

J'ai abattu mes premiers moutons à l'âge de sept ans dans le cadre de mon rite de passage à l'âge adulte. Ce faisant, j'ai été traumatisé car le mouton bien-aimé avec lequel j'avais joué la veille était celui-là même que j'avais été forcé de tuer ! Je l'ai vue souffrir, j'ai vu les larmes couler de ses yeux ; mon cœur a été brisé car j'avais l'impression de trahir un ami cher. Mais je ne pouvais pas le montrer. J'avais envie de pleurer, mais il fallait que je me retienne pour être considéré comme un homme parmi mes frères et préserver ma place d'honneur.

Je me souviens très bien avoir marché sur les moutons pendant que mon frère me mettait dans la main l'acier froid du couteau. Je tremblais. Et puis, m'ayant repéré de loin en train de trembler devant mes frères, ma mère a crié : "Sois un homme comme tes frères !

Je me suis forcé à tuer les moutons. J'ai essayé de paraître fort à l'extérieur, mais à l'intérieur, j'étais écrasé.

La pratique du sacrifice d'animaux pour l'expiation est assez familière aux chrétiens et aux juifs. L'Islam a copié un grand nombre de traditions et de rituels de l'Ancien Testament, y compris le sacrifice d'animaux. Cependant, ce sacrifice est vide de sens si l'on attend l'expiation d'un simple animal ! "Selon l'ancien système, le sang des chèvres et des taureaux et les cendres d'une génisse pouvaient purifier le corps des gens de l'impureté cérémoniale. Pensez seulement à quel point le sang du Christ purifiera nos consciences des actions pécheresses afin que nous puissions adorer le Dieu vivant. Car par la puissance de l'Esprit éternel, le Christ s'est offert lui-même à Dieu comme un sacrifice parfait pour nos péchés" (Heb 9,13-14).

L'Islam n'a pas changé de manière significative depuis ses débuts. Voyons donc maintenant comment les enseignements de Mahomet influencent encore les gens aujourd'hui à la Mecque et dans le monde entier.

Annexe 2 | L'ISLAM AUJOURD'HUI

Satan, qui est le dieu de ce monde, a aveuglé les esprits de ceux qui ne croient pas. Ils sont incapables de voir la lumière glorieuse de la Bonne Nouvelle. Ils ne comprennent pas ce message sur la gloire du Christ, qui est l'exacte ressemblance de Dieu.
2 CORINTHIENS 4,4

L'Arabie saoudite représente le cœur du monde musulman. C'est le seul pays au monde dont la déclaration de foi religieuse est écrite sur le drapeau national.

Le drapeau se lit : "Il n'y a pas d'autre Dieu qu'Allah et Mohammed est son messager." Sous cette déclaration de foi se trouve l'épée qui représente le châtiment pour toute personne trouvée en train de défier cette déclaration : la mort par décapitation. En effet, l'hymne national de l'Arabie Saoudite soutient le message du drapeau :

A la gloire et à la suprématie,
Glorifiez le Créateur des cieux !
Et hisser le drapeau vert
Transportant la lumière écrite qui reflète les directives,
Je répète : Allahu Akbar ! (Allah est plus grand !)
Ô mon pays !
Mon pays,
Vivez comme la fierté des musulmans !
Vive le roi
Pour le drapeau
Et la patrie !

De tous les pays arabes, l'Arabie saoudite est celui qui se rapproche le plus de l'intention littérale du Coran, qui est mise en pratique par la loi de la Charia. Ma culture et l'enseignement quotidien de mon père à la mosquée m'ont donné de nombreux aperçus du système de croyances et de la structure de l'Islam avec lesquels j'ai grandi. Ce que je vais décrire n'est pas l'expérience de tous les musulmans. L'islam n'est pas monolithique. Une grande partie de l'islam dans le monde est assez modérée et douce. Mais la version de l'islam avec laquelle j'ai grandi en Arabie Saoudite est la plus stricte et la plus extrême, appelée wahhabisme.

PAS DE LIBERTE RELIGIEUSE

En Arabie Saoudite, la liberté de religion n'existe pas du tout. Le Grand Mufti d'Arabie Saoudite (comme un pape musulman) a publiquement déclaré son intention de détruire toutes les églises. En ce moment, il n'existe aucun lieu de rencontre officiel entre chrétiens en Arabie Saoudite. Extrait du Huffington Post, 12 avril 2012 :

> La plus haute autorité islamique d'Arabie Saoudite, le Cheikh Abdul Aziz bin Abdullah, a tenu ces propos incendiaires en réponse à une question d'une délégation koweïtienne qui s'interrogeait sur l'appel d'un parlementaire koweïtien à se débarrasser de toutes les églises de ce pays.
>
> Abdullah a déclaré qu'il est "nécessaire de détruire toutes les églises de la région. Il ne doit pas y avoir deux religions dans la péninsule arabique".[36]

Il ne peut y avoir de lieux de rencontre religieux en Arabie saoudite et il est illégal pour les citoyens d'Arabie saoudite ou de tout État du Golfe (Bahreïn, Irak, Koweït, Oman, Qatar, Arabie saoudite et Émirats arabes unis, ou EAU) d'être chrétiens. Selon la section II du *Rapport du* Département d'État américain sur la *liberté religieuse internationale en 2016 pour l'Arabie saoudite,* "la conversion de l'islam à une autre religion est un motif d'accusation d'apostasie, un crime qui est légalement puni de mort"[37] La Commission américaine sur la liberté religieuse internationale a présenté son rapport en 2017 : "Le gouvernement saoudien continue à utiliser les accusations criminelles d'apostasie et de blasphème pour supprimer le débat et faire taire les dissidents."[38] Même

---

[36] Simon McCormack. "Sheikh Abdul Aziz Bin Abdullah, Saudi Islamic Leader, Says Churches Should Be Destroyed" (Washington DC : Huffington Post, 4/02/2012), https://www.huffingtonpost.com/2012/04/02/sheikh-abdul-aziz-bin-abdullah-says-churches-should-be-destroyed_n_1398157.html. Consulté le 3/9/2018.

[37] Bureau of Democracy, Human Rights and Labor. "International Religious Freedom Report for 2016, Saudi Arabia, Section II" (Washington DC : Département d'État des États-Unis, 2016). Consulté le 3/8/2018. https://www.state.gov/j/drl/rls/irf/religiousfreedom/index.htm?year=2016&dlid=268912#wrapper.

[38] Erin D. Singshinsuk. "Annual Report on the U.S. Commission on International Religious Freedom" (Washington DC : USCIRF, avril 2017), http://www.uscirf.gov/sites/default/files/2017.USCIRFAnnualReport.pdf. Consulté le 3/9/2018.

l'athéisme est considéré comme du terrorisme en Arabie Saoudite.[39]

La loi saoudienne interdit également à tous les non-musulmans d'entrer à la Mecque. À l'approche de la "ville sainte", des panneaux géants et des points de contrôle avertissent que seuls les musulmans peuvent entrer à la Mecque.

FEMMES

Dans l'Islam, les femmes n'ont pratiquement aucun droit. Jusqu'à récemment, elles ne pouvaient même pas conduire ou voyager sans l'autorisation de leur mari ou de leur tuteur masculin. Par exemple, si une femme n'a pas de mari ou de père, elle peut être obligée de demander à son fils de dix ans ou à un parent la permission de quitter la maison, d'aller faire des courses, ou même de se marier ! Les femmes musulmanes sont considérées comme de simples ombres et comme des biens. Historiquement, elles ont été traitées comme n'importe quel butin de guerre et utilisées de multiples façons : plaisir sexuel, reproduction, ou même achetées et vendues comme esclaves et concubines. Cela a en partie contribué à l'expansion de l'Islam au cours des siècles, au prix de la dégradation des femmes.

L'Islam enseigne également que les femmes sont déficientes intellectuellement. Le Hadith le plus fiable, documenté par Sahih al-Bukhari, raconte cette histoire :

> Les femmes ont demandé : "Ô Messager d'Allah ! Qu'est-ce qui est déficient dans notre intelligence et notre religion ? Il a répondu : "Le témoignage de deux femmes n'est-il pas égal à celui d'un homme ? Elles répondirent par l'affirmative. Il a dit : "C'est la déficience de son intelligence. N'est-il pas vrai

---

[39] Ibid.

qu'une femme ne peut ni prier ni jeûner pendant son cycle menstruel ? Les femmes ont répondu par l'affirmative. Il a dit : "C'est la déficience de sa religion".
Sahih al-Bukhari, Livre 6, Hadith 301

Al-Bukhari a également enregistré une histoire dans laquelle Muhammad compare les femmes aux chiens et aux ânes : "La prière est interrompue par une femme, un chien et un âne" (Sahih al-Bukhari, livre 22, Hadith 492).

Pour ajouter une insulte supplémentaire, on dit que les femmes sont les personnes prédominantes en enfer en raison de leur ingratitude inhérente.

> Le Messager d'Allah a dit : "On m'a montré l'enfer et je n'ai jamais rien vu de plus terrifiant que lui. Et j'ai vu que la majorité de ses habitants sont des femmes". Ils ont dit : "Pourquoi, ô Messager d'Allah ?" Il a dit : "À cause de leur ingratitude [*kufr*]". Il a dit : "Sont-elles ingrates envers Allah ?" Il a dit : "Elles sont ingrates envers leurs compagnons [maris] et ingrates pour un bon traitement. Si vous êtes gentil avec l'un d'entre eux pendant toute votre vie, si elle voit une chose [indésirable] en vous, elle vous dira : "Je n'ai jamais rien eu de bon de votre part".
> *Sahih al-Bukhari, Livre 16, Hadith 12*

Même dans la version islamique du paradis, les femmes n'ont pas autant de plaisir que les hommes. La récompense d'une femme au ciel est simplement de rejoindre le mari qu'elle a eu sur terre, tandis que les hommes reçoivent de nombreuses et belles vierges célestes. Les *houris* (vierges célestes) sont des êtres dans l'Islam décrits dans les traductions anglaises comme des "compagnons à la poitrine pleine, d'âge égal", "aux yeux charmants" et au "regard modeste". Ces vierges célestes sont des créatures que l'on ne trouve que dans le ciel islamique (Coran 44,54; 52,20; 55,72; 56,22; 78,33).

Comment cela se compare-t-il à la façon dont nous voyons le Christ traiter les femmes dans le Nouveau Testament ? Dans les Écritures, le Christ donne de la dignité aux femmes. Il parle à la femme samaritaine au puits et lui révèle, à elle, une femme adultère, qu'il est le Messie. Elle, à son tour, devient la première missionnaire de l'Évangile (Jn 4). Au lieu de lapider une femme prise en flagrant délit d'adultère, il lui offre sa miséricorde et sa compassion en lui disant : "Va, et ne pèche plus" (Jn 8,11). Lorsque Jésus est ressuscité, il ne s'est pas révélé à ses disciples masculins ; il a pensé que le témoignage d'une femme était suffisamment valable pour prouver sa résurrection (Mt 28,1-10). Et Dieu a envoyé le Christ dans ce monde par le ventre d'une femme : Marie, la mère de Jésus (Lc 1,42-43). Dans le livre des Galates, il est clairement indiqué qu'il n'y a ni homme ni femme ; nous sommes tous un dans le Christ (Gal 3,28). Cette attitude d'égalité et de compassion envers les femmes se retrouve systématiquement dans les actions du Christ.

BATTRE SA FEMME

Le mariage dans l'Islam ne consiste pas à avoir une relation et à partager l'amour. Il s'agit plutôt d'un contrat de mariage qui inclut le sexe, la reproduction, la tenue de la maison et l'éducation des enfants. Un mari musulman peut divorcer de sa femme pour n'importe quelle raison, telle que la stérilité, l'incapacité à tenir un ménage propre, une légère désobéissance, l'incapacité à fournir un plaisir sexuel, ou tout autre désir du mari.

Un manque d'amour évident est présent dans les mariages musulmans, car Mahomet permet aux maris de battre leurs femmes. En fait, on trouve des instructions à cet effet dans le Coran (4,34 ; 38,34) et le Hadith :

> Le Prophète a dit : On ne demandera pas à un homme pourquoi il bat sa femme.
> *Sunan Abi Dawud, Livre 9, Hadith 1986*

Souvent, alors que je travaillais dans le domaine médical en Arabie Saoudite, on me présentait des cas de femmes qui avaient été battues à plusieurs reprises. Une fois, en tant que membre d'une équipe d'intervention d'urgence, je suis entrée dans une maison immédiatement après que la police ait enfoncé la porte. Là, j'ai été confronté au corps d'une femme gisant sur le sol. Inerte, couverte de bleus et saignant abondamment, elle avait été sévèrement et sauvagement battue par son mari ; mais la police n'a pas posé à l'homme une seule question selon le Hadith. J'ai crié au Seigneur en son nom, mais il n'y avait aucun moyen de lui rendre justice dans le cadre de l'enseignement de l'Islam. Tout ce que je pouvais faire était de panser ses blessures et de prier ; mais, même en le faisant, je savais qu'une fois qu'elle serait rétablie, elle serait obligée de retourner auprès du même homme qui l'avait battue presque jusqu'à la mort.

Et encore une fois, les femmes doivent avoir la permission d'un tuteur masculin pour faire quoi que ce soit, même s'il s'agit d'un parent de dix ans. C'est ce que rapporte Human Rights Watch :

> Le système de tutelle masculine en Arabie saoudite reste l'obstacle le plus important aux droits des femmes dans le pays, malgré les réformes limitées de la dernière décennie. Les femmes adultes doivent obtenir la permission d'un tuteur masculin pour voyager à l'étranger, se marier ou être libérées de prison, et peuvent être tenues de fournir le consentement du tuteur pour travailler ou obtenir des soins de santé. Ces restrictions durent de la naissance au décès, car les femmes

sont, aux yeux de l'État saoudien, des mineures légales permanentes. En Arabie saoudite, les femmes sont confrontées à des obstacles formels et informels lorsqu'elles tentent de prendre des décisions ou d'agir sans la présence ou le consentement d'un parent masculin. Comme l'a déclaré une Saoudienne de 25 ans à Human Rights Watch, "Nous devons toutes vivre dans les limites des boîtes que nos pères ou nos maris nous dessinent". Dans certains cas, les hommes utilisent les autorisations requises pour extorquer de grosses sommes d'argent aux femmes à leur charge.[40]

L'histoire continue en disant que les maris sont libres de battre leurs femmes. Dans le Royaume d'Arabie Saoudite, le Coran autorise les femmes à battre leurs maris ; et, par conséquent, les hommes n'ont pas à rendre des comptes.

Les femmes peuvent être envoyées en prison si elles n'obéissent pas à leur mari. Cela aussi isole et humilie les femmes, en particulier celles qui tenteraient d'insister sur leurs droits fondamentaux.

> Les femmes qui ont échappé à la violence dans les centres d'accueil peuvent, et c'est le cas dans les prisons, exiger qu'un parent masculin accepte de les libérer. "Les autorités gardent une femme en prison jusqu'à ce que son tuteur légal vienne la chercher, même si c'est lui qui l'a mise en prison", a déclaré une militante des droits des femmes. Si un tuteur refuse de libérer une femme de prison, les autorités peuvent la transférer dans un refuge d'État ou organiser un mariage pour elle. Son nouveau mari devient alors son nouveau tuteur.[41]

L'amour du Christ est le seul espoir pour les femmes en Islam, qui, comme tous les musulmans, n'ont jamais fait l'expérience du véritable amour biblique. En Islam, il y a

---

[40] "Saudi Arabia : Male Guardianship Boxes Women In Restricts Movement, Work, Health, Safety" (Beyrouth, Liban : Human Rights Watch, 16 juillet 2016) Consulté le 16/03/2018. Site web : www.hrw.org/news/2016/07/16/saudi-arabia-male-guardianship-boxes-women
[41] Ibid.

quatre-vingt-dix-neuf noms de Dieu connus, et aucun d'entre eux n'est l'Amour (1 Jn 4,8). On ne trouve pas non plus dans ses enseignements de description de l'amour sacrificiel, comme dans 1 Corinthiens 13. Le Christ s'est livré en sacrifice d'amour pour son épouse (Eph 5,25). Lorsque la police juive est venue chercher Jésus, il a choisi de ne pas mettre ses disciples en danger, mais plutôt de se mettre lui-même en danger pour eux. Jésus est le bon berger, et il a donné sa vie pour son troupeau. Il n'y a pas de plus grand amour que celui-ci (Jn 15,13).

Les actions du Christ sont à l'opposé de celles de Mohammed qui ferait en sorte que ses étudiants/disciples le défendent et se battent jusqu'à la mort pour qu'il soit épargné en pleine guerre (Coran 9,29). C'est peut-être là la plus grande différence entre l'islam et le christianisme : un disciple de l'islam a une relation comparable à celle d'un esclave au service d'un maître sans amour. Mais un disciple du christianisme a une relation comparable à celle d'un fils ou d'une fille avec un père dévoué, fondée sur l'amour et l'amitié.

POLYGAMIE

Selon certains rapports islamiques, Mahomet a épousé plus de douze femmes, mais un musulman ne peut pas avoir plus de quatre épouses. Cependant, les hommes musulmans ont droit à un nombre illimité de concubines. Pensez-y ! La concubine d'un homme n'est qu'une petite amie du côté avec lequel il n'a pas d'enfants et ne satisfait que ses désirs sexuels. La polygamie n'est pas beaucoup mieux. Quand mon père prêche dans la mosquée sur la polygamie, il pourrait l'aborder à partir du Coran en utilisant le Coran 4,3 qui dit

> Et si vous craignez de ne pas pouvoir agir équitablement envers les orphelins, épousez les femmes qui vous paraissent bonnes, deux et trois et quatre ; mais si vous craignez de ne pas faire justice entre elles, n'en épousez qu'une ou ce que possèdent vos mains droites [votre main droite possède des esclaves] ; c'est plus convenable, pour ne pas dévier de la bonne voie.

On peut peut-être trouver une façon plus simple de reformuler ce verset du Coran dans les mots que mon père m'a appris. Il prêchait souvent dans la mosquée en disant : "Tu peux épouser jusqu'à quatre femmes, mais pourquoi ne pas te procurer un esclave sexuel afin de pouvoir avoir des relations sexuelles illimitées ?

Cela soulève une question évidente : Pourquoi Mahomet ne suivrait-il pas ce que son dieu avait dit concernant le mariage ? Comme on l'a déjà dit, Muhammad avait jusqu'à dix épouses à la fois. La réponse est que Muhammad n'a pas suivi son propre Coran.

ESCLAVAGE

L'esclavage est largement pratiqué dans l'Islam dans de nombreux pays arabes, y compris l'Arabie Saoudite. Techniquement, l'esclavage en Arabie Saoudite est illégal depuis son abolition en 1962, suite à une pression internationale massive. Les membres de la famille royale saoudienne déclarent publiquement que l'esclavage est illégal, mais les Saoudiens continuent de posséder des esclaves en privé. La plupart des esclaves viennent d'Afrique, n'ont aucune liberté, sont castrés pour s'assurer qu'ils restent obéissants et ne sont jamais autorisés à être près des femmes de leur maître.

En ce qui concerne l'esclavage et la traite des êtres humains, l'Arabie saoudite a été placée sur la liste de surveillance de niveau 2 par le Département d'État américain dans son *Rapport sur la traite des personnes de 2017*. La liste de niveau 2 comprend "les pays dont les gouvernements ne satisfont pas pleinement aux normes minimales de la TVPA et ... le nombre de victimes de la traite est très important ou augmente considérablement".[42]

En Arabie saoudite et dans d'autres États du Golfe, des millions d'étrangers viennent dans ces pays musulmans pour trouver du travail comme domestiques, ouvriers du bâtiment et autres emplois dans le secteur des services, pour se retrouver ensuite dans l'esclavage moderne. Le maître de maison est tenu par la loi de détenir le passeport du travailleur étranger, ce qui revient à faire de cet étranger la propriété du maître. Ils travaillent souvent sans revenu ou sans contrepartie pour leur service, hormis la nourriture et un endroit pour dormir, et il se peut qu'ils ne puissent jamais retourner dans leur pays d'origine. Pourtant, la pire forme d'esclavage va au-delà de la simple servitude domestique et entre dans le domaine de l'esclavage sexuel, encouragé dans le Coran comme décrit précédemment.

La soif de Mohammed d'une sexualité illimitée et d'esclaves sexuels est scandaleusement justifiée par la "révélation d'Allah" du Coran, qui se trouve dans le Coran 33,50, 4,3 et d'autres passages qui autorisent les esclaves sexuels. Ces passages font référence au fait d'avoir des relations sexuelles avec "ce que possède votre main droite", une métaphore pour un esclave domestique. En d'autres termes, l'enseignement du Coran est qu'un homme peut

---

[42] Département d'État des États-Unis. *Office to Monitor and Combat Trafficking in Persons*. (Washington DC : Tier Placements, 2017),
http://state.gov/j/tip/rls/tiprpt/2017/271117.htm. Consulté le 1er janvier 2018.

transformer n'importe quel esclave domestique en son esclave sexuel personnel.

MUSIQUE INTERDITE

Le Coran interdit la musique. Le Coran 31,5 dit,

> Et parmi les hommes, il y a celui qui achète des paroles oiseuses (c'est-à-dire de la musique, des chants, etc.) pour détourner les gens du chemin d'Allah sans connaissance, et qui prend le chemin d'Allah en guise de raillerie. Pour cela, il y aura un tourment humiliant dans le feu de l'enfer.

Je me souviens d'une fois, quand j'étais enfant, j'ai vu un instrument "Made in China" en allant à la mosquée. C'était comme une flûte, mais elle avait une structure carrée, et je n'avais aucune idée de son fonctionnement. Sans le savoir, je l'ai ramassé sur le sol sale juste au moment où un vent fort se précipitait devant moi, soufflant dans l'instrument et produisant un son magnifique. Ceux qui l'ont entendu m'ont traîné jusqu'à la mosquée où mes pieds ont été battus (c'est-à-dire *falaka*) devant tout le monde. Même adulte, pour éviter le son de la musique, j'ai programmé mon téléphone pour qu'il chante un poème islamique au lieu de sonner.

Il y a des musiciens en Arabie Saoudite, mais ils sont considérés comme laïques et non religieux, et ils ont été opprimés pendant longtemps. Il y a quarante ans, il y a eu un "réveil" au cours duquel le peuple a adopté une version plus extrême de l'Islam. Avant cela, les gens étaient très intéressés par les arts. Il y avait la musique, les cinémas, etc. Les femmes saoudiennes avaient le droit de conduire des voitures et n'avaient pas besoin de se couvrir la tête ou le corps ! Après ce soi-disant réveil, cependant, la plupart des musiciens saoudiens ont fui vers les pays voisins, et les restrictions à l'égard des femmes ont augmenté. Aujourd'hui, si quelqu'un est trouvé en train de jouer d'un instrument de musique en public, la police religieuse vient, le confisque et procède à une "exécution" sur l'instrument de musique en le détruisant complètement. En outre, toute personne élevée selon la charia n'a pas le droit d'avoir une télévision dans la maison, car elle est considérée comme le médiateur de Satan.

En tant que chrétiens, nous croyons que la musique est un outil sacré et puissant pour adorer Dieu. Mais Satan détourne astucieusement ces belles créations pour influencer les gens, soit pour les rejeter, soit pour les utiliser à des fins maléfiques. Les chrétiens, en revanche, utilisent le don de la musique de Dieu pour exprimer une forme de culte que de simples mots ne peuvent pas transmettre. Dieu a donné à l'homme un livre entier de 150 Psaumes qui peuvent être chantés dans le culte de la congrégation. Jésus lui-même a chanté un hymne à la fin de la dernière Cène. "Puis ils chantèrent un cantique et sortirent au Mont des Oliviers" (Mt 26,30).

LA PEINE DE MORT : DECAPITATION, CRUCIFIXION, ETC.

Les crimes capitaux en Arabie Saoudite comprennent l'apostasie (quitter l'Islam), l'athéisme, la trahison contre le roi, le meurtre, le viol, le trafic de drogue, le blasphème, le cambriolage, l'adultère (les adultères non mariés peuvent être condamnés à 100 coups de fouet ; les mariés à la lapidation), la sodomie, l'homosexualité, le lesbianisme, etc.

En général, la peine de mort est prononcée par les tribunaux qui sont dirigés par des imams ou des muftis, et la peine officielle est généralement la décapitation par l'épée sur la place de la ville, conformément aux ordres de Mahomet. Tous les vendredis, ces sentences et d'autres, comme le fait de se couper une main ou un pied, sont exécutées. Des médecins sont stationnés à proximité, attendant de recoudre les appendices des délinquants traumatisés. Parfois, la sentence de crucifixion est prononcée, soit pour torturer un condamné avant sa mort, soit pour exhiber un corps post mortem. Une fois que tous les condamnés à mort sont morts, leurs cadavres sont suspendus à une haute grue, visible à des kilomètres à la ronde, afin que toute la communauté puisse voir ce qui arrive à ceux qui défient les règles.

Il existe également une peine de mort non officielle, exécutée par des musulmans radicaux ou la famille d'un membre désobéissant. C'est une grande honte pour la communauté si une personne abandonne l'islam pour d'autres enseignements, et on considère comme un rétablissement de l'honneur de la communauté si le père tue son fils ou sa fille apostat. Bien qu'il s'agisse d'un meurtre, le père n'encourt aucune peine. Même si la police vient pour enquêter, de telles affaires sont rejetées sur place sans autre interrogatoire parce que ce qui s'est passé est considéré comme un crime d'honneur dans l'Islam, également connu sous le nom de "lavage de la honte". Lorsque des membres de la famille, ou de la communauté, commettent de tels actes, ils croient qu'ils rendent un saint service à Dieu et à l'Islam.

Dans un pays comme les États-Unis où la charia n'existe pas, une fatwa (décision d'un juge musulman concernant une région en dehors de l'islam) peut être appliquée. Les fatwas peuvent être émises par des États musulmans, des juges islamiques ou des dirigeants "exigeant la mort de l'apostat, en utilisant la déclaration 'son sang est permis'. Les fatwas individuelles... peuvent être appliquées par n'importe quel musulman, et nombreux sont ceux qui affirment qu'un assassin obéit à la loi de la charia et ne doit pas être poursuivi".[43]

Enfin, le meurtre pour apostasie peut être commis de manière encore plus sournoise. Si une personne a violé l'Islam, la police religieuse ou les musulmans radicaux complotent parfois pour tuer furtivement cette personne, comme dans le cas de Jamal Ahmad Khashoggi, un dissident saoudien, auteur et chroniqueur du *Washington Post*. Ces morts ont lieu sans condamnation judiciaire et sont utilisées pour faire de la victime un exemple, semant la terreur dans le cœur de la communauté. "Les auteurs sont rarement poursuivis par les autorités et restent souvent impunis. Certains États musulmans s'inquiètent de l'attention malvenue accordée par les médias occidentaux aux cas d'apostasie, et préfèrent donc que ces cas soient traités de manière non officielle par la famille ou la communauté".[44]

MA DEVOTION A L'ISLAM

Jusqu'à l'âge de 19 ans, j'étais sincèrement dévoué à l'Islam. J'ai fidèlement suivi, étudié et soutenu les enseignements de l'Islam tels que décrits ci-dessus. L'islam signifie se rendre ou se soumettre. Au lieu de m'abandonner à un Dieu aimant et compatissant, j'ai été abandonné à la vue d'un dieu qui m'a poussé à haïr les incroyants et les pécheurs, et ce fruit a été évident dans ma vie. Je détestais les chrétiens et les juifs, comme le Coran me l'avait enseigné. J'ai fait confiance au dieu et au prophète de l'Islam sans aucun doute et avec une totale dévotion. Il ne m'est jamais venu à l'esprit qu'un jour je

---

[43] Patrick Sookhdeo. *Freedom to Believe: Challenging Islam's Apostasy Law* (McLean, VA : Isaac Publishing, 2009).
[44] Ibid.

suivrais Jésus-Christ et deviendrais le soi-disant "infidèle" que j'ai toujours détesté. Je témoigne avec Paul :

> Quel que soit le gain que j'avais, je comptais comme une perte pour l'amour du Christ. En effet, je compte tout comme une perte en raison de la valeur supérieure de la connaissance du Christ Jésus mon Seigneur. C'est à cause de lui que j'ai subi la perte de toutes choses et que je les considère comme des déchets, afin de gagner le Christ et d'être trouvé en lui, non pas en ayant une justice qui me soit propre et qui vienne de la loi, mais celle qui vient de la foi en Christ, la justice de Dieu qui dépend de la foi - afin que je puisse le connaître et connaître la puissance de sa résurrection, et que je puisse partager ses souffrances, en devenant semblable à lui dans sa mort... (Phil 3,7-10, ESV).

SOMMAIRE

INTRODUCTION	12
Fête de la mort	13
De la Mecque au Christ	15
Mes objectifs pour ce livre	18
1 | MES DEBUTS	22
Mon père, le mufti	23
Mon éducation	24
Horaires des repas	25
Abandonné dans le désert	26
Mémoriser le Coran	28
Camp du djihad à la Mecque	31
2 | "VIENS A MOI"	33
L'étude de la médecine	33
Arrivée en Nouvelle-Zélande	34
Classe d'anglais	36
Ma nuit de destin	36
Retour en Arabie Saoudite	39
3 | MA CONVERSION	42
Le grand homme blanc	44
Un disciple d'Isa ?	45
Une nuit chez le pasteur	47
Jésus, je viens à toi	52
4 | ABANDONNE PAR MA FAMILLE	55
Battu par mes frères	56
Vais-je vivre ou mourir ?	58
Le fils de Noé	59
Un orphelin sur cette terre	61
Un nouveau départ à l'université	64
Baptisé	67
La Bible en ligne	67
Un site d'évangélisation pour les musulmans saoudiens	68
La première personne que j'ai baptisée	70
Un voyage pour voir mon père spirituel	73
Un pèlerinage chrétien à la Mecque	74

Prouver que le Coran est erroné.. 76

5 | TORTURE POUR LE CHRIST 79

L'évangélisation musulmane... 79
Ma Via Dolorosa 82
Mon départ est proche 86

6 | UN AVENIR ET UN ESPOIR...88

Une percée scientifique 88
Un signe de Dieu 90
La vie d'un jeune médecin.. 93

7 | 13 HEURES POUR ALLER A L'EGLISE....................................95

Accueil églises en Arabie Saoudite 96
Église de Jésus-Christ 98
Trop dangereux pour l'appartenance à une église 100
Conférence du week-end aux États-Unis 104

8 | PRECHER A 22.000...107

Mon désir de formation au séminaire 108
Des portes ouvertes partout 109
Harcèlement satanique 112
Un festival indien 115

9 | LAISSE POUR MORT 121

Le visage dans la poussière.. 122
Échapper à la mort 123
Un essai sur ma vie 125
Résurrection ! 126

10 | RADIATION DE LA MEDECINE...128

Une momie en blouse de laboratoire 129
Né de nouveau ! 130
Face aux lions 131
Un "Diplôme avec les honneurs" terrestre...................... 132

11 | SE SOUVENIR DE SHILOH 134

Mon ami médecin d'Inde 135
Salle de la liberté 137
L'attaque intérieure de Satan contre les églises 139
Se souvenir de Shiloh.. 141

12 | TOUTES LES NATIONS 143
    Le monde arabe 144
    Philippines 147
    Chine 150
    Jusqu'au bout de la terre 151

13 | BALLES 152
    Infidèle maudit 153
    Une lettre dérangeante 154
    Pluie de balles 155
    En vie d'entre les morts 158
    Le ruban adhésif a sauvé la journée 158
    Une évasion étroite 160

14 | ÉVASION 162
    Encore chassés ? 163
    Un visa ? 165
    Le temps de fuir 167
    S.O.S. 169

15 | LIBERTE 171
    Une chance d'obtenir l'asile aux États-Unis 173
    Une loi du Congrès 177
    Une femme d'en haut 181
    La citoyenneté romaine 185

16 | DEVOIRS ENVERS LES PERDUS 186
    Quel est notre devoir envers les perdus ? 189
    Que puis-je faire maintenant ? 192
    Un paradigme de grâce 193
        Divisions *194*
        Compromis *194*
        Grace *195*

17 | QUE FAIRE ALORS ? 197
    Statistiques 198
    La Mecque au Christ international 199
        L'évangélisation aux États-Unis 199
        Équiper les églises 199
        L'évangélisation en Arabie Saoudite 200
        Ministère des médias sociaux 202
        Ministère de l'édition 203

Ministère de l'action médicale	203
Votre rôle	203
Le dernier mot d'Ahmed	205
ANNEXE 1 | LES DEBUTS ET LES ENSEIGNEMENTS DE L'ISLAM	**206**
L'esprit orphelin de l'Islam	207
Une religion de paix ou de haine ?	208
Les femmes et les enfants de Mahomet	209
L'influence de Waraka ibn Nawfal	211
L'influence démoniaque sur Mahomet	212
La mort de Waraka ibn Nawfal	214
De la paix à la guerre après la mort de Waraka	215
Jihad	218
Les piliers de l'Islam	223
Les livres saints musulmans	228
Sunnites et chiites et leurs enseignements divergents	229
Festivals	230
ANNEXE 2 | L'ISLAM AUJOURD'HUI	**233**
Pas de liberté religieuse	234
Femmes	236
Battre sa femme	238
Polygamie	241
Esclavage	242
Musique interdite	244
La peine de mort : décapitation, crucifixion, etc.	245
Ma dévotion à l'Islam	247
REMERCIEMENTS	**253**

REMERCIEMENTS

Ce livre n'aurait pas été possible sans l'aide d'une armée de personnes qui ont participé à sa rédaction. Aucun n'a voulu être nommé, mais je suis tellement reconnaissant au frère qui a transcrit la première ébauche de ce livre comme je le lui ai dicté. Il m'a incité à commencer à écrire alors que je vivais encore en Arabie Saoudite, et nous avons passé des jours et des nuits au téléphone à mettre au point un document écrit sur les chronologies, les histoires, les récits et les événements de la façon dont Dieu a bougé dans ma vie. Plus tard, quand je suis arrivée aux États-Unis, nous avons passé de nombreuses nuits dans son bureau à avoir des séances de "yeux rouges" pendant la nuit, alors que nous discutions de la façon d'exprimer certaines idées en anglais. Je suis également redevable à mon rédacteur en chef qui a soigneusement retravaillé toute la transcription pour qu'elle soit plus fluide. Plusieurs personnes ont examiné attentivement la transcription et ont aidé à la réviser. À tous ceux qui ont passé d'innombrables jours et heures à travailler sans relâche à la production de ce livre, je dis : "Merci !"

Dans sa bonté, Dieu vous a appelés à partager sa gloire éternelle par le biais de Jésus-Christ. Ainsi, après que vous ayez souffert un peu, il vous restaurera, vous soutiendra et vous fortifiera, et il vous placera sur une base solide. Tout pouvoir à lui pour toujours ! Amen.
1 Pierre 5,10-11

Soli Deo Gloria

www.ingramcontent.com/pod-product-compliance
Lightning Source LLC
Chambersburg PA
CBHW031625160426
43196CB00006B/285